Eine Geschichte der Ältesten

Ungehörte ostfriesische Biografien aus dem Landkreis Leer

edition Kronzeugen
Detlef M. Plaisier

Berichtigung des Impressums
2. Auflage Juli 2019
Das Coverphoto zeigt Schmiedemeister Johann Dirks Brunsema aus Westrhauderfehn (links) zusammen mit seinem Enkel Johann. Auffällig sind sein Gehrock und der filigran gewellte Handstock. Foto um 1933. Quelle: Sammlung Heinze.

Texte und Textbearbeitung: Detlef M. Plaisier
Lektorat: Lena Busboom
Portraitfotos, Fotobearbeitung und Satz: Stefan Wiemker, Wiemker Media, Rhede
Einbandgestaltung: Lena Suprun, zweiwerk Kommunikationsdesign, Leipzig
Druck: Sollermann Druck, Leer/Ostfriesland
Gesamtgestaltung: Detlef M. Plaisier

Die Fotos im Innenteil wurden, wenn nicht abweichend vermerkt, von den Zeitzeugen zur Verfügung gestellt. Coverphoto: © iStockphoto.com/eurotravel

Originalausgabe Mai 2019

ISBN 978-3-00-062549-7

„Eine Geschichte der Ältesten" wurde unterstützt aus Mitteln der Stabsstelle Ehrenamt und Freiwilligenagentur beim Landkreis Leer.

Bibliografische Information der Deutschen Nationalbibliothek:
Die Deutsche Nationalbibliothek verzeichnet diese Publikation in der Deutschen Nationalbibliografie. Detaillierte bibliografische Daten sind im Internet über http://dnb.d-nb.de abrufbar.

Grußwort des Landrates

Eine Gruppe engagierter Menschen hat genauer hingehört - hingehört bei den Lebensgeschichten älterer Menschen, die beispielhaft für das Leben im Landkreis Leer stehen. „Eine Geschichte der Ältesten", das ist wahrlich ein Buchtitel, der Neugier weckt!

Dieses Buch macht ganz bewusst die Geschichten „normaler Bürger" mit all ihren Freuden, Nöten und den besonderen Momenten des Alltags zum Thema. 26 Menschen im Alter von 74 bis 100 Jahren haben ihre ganz persönliche Lebensgeschichte erzählt. So unterschiedlich jede Geschichte für sich auch sein mag, eines haben diese Menschen gemeinsam: Sie sind ein Teil des Landkreises Leer und haben sich für ihren Landkreis eingesetzt. Ihr Engagement ist Zeichen eines ausgeprägten Bürgerwillens, eines Willens zur Gemeinschaft und zum Miteinander.

„Eine Geschichte der Ältesten" ist ein Buch, in dem viele Stunden ehrenamtlicher Arbeit stecken. Ich bedanke mich bei Detlef M. Plaisier und seinem Team, die mit Herzblut dieses Projekt realisiert haben. Freiwilliges Engagement basiert auf persönlicher Motivation. Menschen wie Sie entscheiden sich, für ihr Umfeld Gutes zu tun. Es ist wirklich ein schönes und interessantes Buch geworden.

Allen Leserinnen und Lesern wünsche ich spannende Lesemomente.

Matthias Groote
Landrat des Landkreises Leer

Grußwort in Plattdüütsk

En Koppel engageerde Minsken hebben heel genau henöört – henhört bi de Levensgesgeschichten van de olle Lüü, de as een Bispill för dat Leven in uns Landkreis Leer stahnt. „Een Geschicht van de Ollestens" of „Eine Geschichte der Ältesten", dat is wahrhaftig en Booktitel, de uns neeisgierig maakt.

Dit Book vertellt heel klaar de Geschichten van de „normaale Lüü" mit all hör Freid, Angsten un de besünnere Ogenblicken van uns Olldag. 26 Minsken in d` Oller van 74 bit hen to 100 Jahren hebben hör egen Levensgeschichten vertellt. Aver so verscheden elke Geschicht ok wesen mag, een hebben`s all gemeensaam: Se sünd een Part van d` Landkreis Leer un hebben sük för hör Landkreis insett. Hör Doon un Hanneln ist een düdelk Teken, een düdelk Teken för de Sinn na een Gemeenskupp un een Mitnanner.

„Een Geschicht van de Ollestens" of „Eine Geschichte der Ältesten" - Vööl Arbeid un mennig Stünnen stecken in dat Book. Ik bedank mi van Harten bi Detlef M. Plaisier un de Koppel van Minsken rund um hum to, de mit Fliet un Leevde, dit Projekt klaarkregen hebbt. Ungedwungen, freeiwillig un ut egen Stücken wat doon kann een bloot, wenn he van sück ut motiveert is. Minsken as se entscheden sück, för hör Kuntrei wat Goodes to doon.

Dat Book, leev Töhörers, is wahrhaftig een mooi un interessante Book. All Leser un Leserinnen wünsk ik moje Momente daarmit.

Matthias Groote
Landrat des Landkreises Leer

Vorwort

Im März 2017 veröffentlichte ich im acabus Verlag mein Buch „Bubis Kinnertied“. Es ist die Aufarbeitung der Kindheit und Jugend meines Vaters in der NS-Zeit. Ich stellte das Buch in rund 20 Lesungen im Overledingerland vor. Die Reaktion überraschte mich: Ich war davon ausgegangen, dass ältere Menschen aus der Generation der Zeitzeugen diese Aufarbeitung nicht mehr wollen und abwinken. Das Gegenteil trat ein: Nach Lesungen kamen Zuhörer dieser Generation zu mir und erzählten mir ihre Geschichte. Manche hatten sogar Fotos mitgebracht, obwohl sie mich nie zuvor gesehen hatten.

Mir wurde klar: Es gibt noch so viele Lebensläufe, die erzählt werden müssen und nicht verloren gehen dürfen. Und: Die Zeit drängt. In spätestens zehn Jahren wird es keine Zeitzeugen mehr geben, die aus erster Hand erzählen können. So gründete ich den Verlag „edition Kronzeugen“. Der Name ist Programm: Wer dabei war, soll erzählen. Nicht Geschichte von Historikern erklärt, sondern Geschichte von unten. Dieses Buch setzt das Konzept erstmals um.

„Eine Geschichte der Ältesten“ war von Beginn an ein dynamisches Projekt. Vierzig Zeitzeugen hatten auf einen öffentlichen Aufruf der Stabsstelle Ehrenamt des Landkreises Leer Interesse bekundet, ihr Leben zu erzählen. Zwölf Menschen meldeten sich als ehrenamtliche Interviewer. Ich traf eine Auswahl und führte eine Schulung für die Interviewer durch, die dann selbstständig Termine vereinbarten. Alles war offen: Was würden die Zeitzeugen erzählen? Wie tief würden sie einen Einblick in ihr Leben zulassen? Würden Sie Ihre privaten Fotoalben öffnen? Drei Zeitzeugen mussten ihre Teilnahme wieder absagen, weil ihre Gesundheit ein Treffen nicht mehr zuließ.

Was entstand, waren fast 36 Stunden Tonaufzeichnungen von Zeitzeugen im Alter zwischen 74 und 100 Jahren. Daraus entstanden 24 Portraits und ein Doppelportrait. Einige Teilnehmer reichten selbst geschriebene Texte ein, die dann behutsam angeglichen wurden. Jedes Lebensbild wurde vor dem Druck noch einmal abgestimmt. Eine Zeitzeugin verstarb einige Wochen nach dem Interview. Ich bin ihrer Tochter für die Zustimmung zu einer Veröffentlichung posthum dankbar.

Wir erleben eine reiche Fülle individueller Lebensläufe, geprägt von Gefühlen bitterer Armut und Not bis zu Momenten höchsten Glücks. Manche Portraits zeichnen direkt Zeitgeschichte nach, andere erscheinen auf den ersten Blick eher seicht, ja banal, weil sie „nur“ persönliche Lebensumstände schildern, ohne Politik und Revolution. Doch genau dieser Spannungsbogen macht das Buch aus, denn bewahrenswerte Kulturgeschichte wird nicht in Geschichtsbüchern geschrieben, sondern im Alltag der Menschen. Die 250. Wiederkehr der Fehngründung hat 2019 beispielhaft in Erinnerung gebracht, was Mut und Initiative Einzelner Großes bewirken können.

Mir ist bewusst, dass dies streckenweise kein leichtes Buch ist. Man kann sich an einigen Inhalten reiben, man kann sich sogar daran stoßen. Zeitzeugen haben offen über ihre Mitgliedschaft in der Hitlerjugend und im Jungmädelbund gesprochen. Eine Zeitzeugin gab das Gefühl wieder, mit der Machtergreifung im Januar 1933 habe sich unter den Menschen Erleichterung verbreitet. In einem anderen Interview, das sich überwiegend um den Konflikt zwischen Angehörigen evangelischen und katholischen Glaubens dreht, lautet die zentrale Aussage: „Die alten Katholiken, das waren für uns die Bösen." Die ursprüngliche Formulierung war noch deutlich schärfer.

Es wäre möglich gewesen, diese Inhalte einfach auszusparen. Doch das ist nicht redlich. Wir sind als Interviewer in die Gespräche ohne vorbereiteten Fragebogen gegangen. Einzige Vorgabe war: Jeder Zeitzeuge sollte erzählen, was ihm rückblickend im Leben wichtig war. Wenn ein totalitärer Staat zwölf Jahre lang das eigene Leben weitgehend lenkt, so hinterlässt das Spuren und Traumata, die in kommende Generationen getragen werden. Wer das in seinem Interview thematisieren wollte, konnte frei darüber reden. Niemand hat Verbrechen und Massenmord gebilligt oder verherrlicht. Nur durch ein vollständiges Bild entsteht ein ehrliches Geschichtsbild. Das werde ich in meiner journalistischen Arbeit immer verteidigen.

Ich wünsche allen Leserinnen und Lesern ein offenes Herz bei der Lektüre.

Detlef M. Plaisier

Autorenfoto: Robert Strehler, Leipzig

Die Portraits

Lutz Ahrens, Leer
„Ostfriesische Molkereigeschichte ist Vergangenheit"

Anna Berghaus, Leer
„Den jungen Leuten geht es heute zu gut"

Johanna Bleeker, Neukamperfehn
„Als einzige Tochter war ich wohlbehütet"

Johanne Boyken, Uplengen
„Wir haben uns gefreut, wenn wir einen Pfennig fanden"

Johanne Buß, Ostrhauderfehn
„Die Fehntjer Frauen brauchen ein Denkmal!"

Johann Feldkamp, Nortmoor
„Denn bün ik nu maal Snieder worden"

Günther Graepel, Westrhauderfehn
„Der Fehntjer Markt hat seine Anziehungskraft verloren"

Karin Grimpe, Ihren
„Freiheit eröffnet mir neue Welten"

Ewald Groenhoff, Weener
„Ich war 48 Jahre mit der EWE verheiratet"

Adele Hetzke, Jemgum
„Ich bleibe in der alten City von Jemgum"

Günter Hülsebus, Leer
„Wir fuhren mit dem Fahrrad zu Kunden bis ins Rheiderland"

Edith Huisinga, Bunde
„Ich habe nie gespürt, dass ich keine Ostfriesin bin"

Karin Janssen, Leer
„Die alten Katholiken, das waren für uns die Bösen"

Wilma Jelden, Rhauderfehn / Leer
„Schon in der Schule habe ich Sparsamkeit gelernt"

Willi Kothe, Warsingsfehn
„Ich hatte immer Heimweh nach Ostfriesland"

Manuela Kupper, Westoverledingen-Ihrhove
„Kontakt zu finden ist ohne Verein schwierig"

Gebke Loers, Uplengen
„Einen Partner brauche ich jetzt nicht mehr"

Therese Luikenga und Theda Ulpts, Westrhauderfehn
„Wir sind seit Urzeiten Fehntjer Kinder"

Franz Marheineke, Weener
„Die Juden, das waren doch unsere Mitschüler"

Olaf Pehrsson, Leer
„Man muss nicht immer in der Mitte des Stromes schwimmen"

Martha Schüür, Leer
„Alles in meinem Leben kam zum richtigen Zeitpunkt"

Gregor Ulsamer, Borkum
„Da willn ji bouwen? In de Walachei?"

Jan-Dieter van Hoorn, Bunde
„Die Bereitschaft zu ehrenamtlicher Tätigkeit geht zurück"

Ernst Windemuth, Leer
„Da muss ich erst 85 Jahre alt werden, um Trauzeuge zu sein"

Bodo Wolters, Leer
„Radeau, Radeau, raditjes doe / de Stadt, de hört de König toe"

Lutz Ahrens | Jahrgang 1943 | Leer-Loga

„Ostfriesische Molkereigeschichte ist Vergangenheit“

Lutz Ahrens sagt es mit Wehmut. Dass sein Herz an der Milch hängt, hat mit seinem Großvater zu tun: Thomas Heinrich Ahrens (Jahrgang 1869, Rufname Heinrich) gründete 1920 den Molkereiverband Ostfriesland (MVO). Sein gerahmtes Portrait hängt im Leeraner Heimatmuseum. Sein Enkel Lutz Ahrens kämpft gegen den weitverbreiteten Irrtum, der MVO sei eine Molkerei gewesen – und erinnert sich an seine erste Begegnung mit der Familiengeschichte im Jahr 1959.

Richard Ahrens führte seinen Sohn Lutz durch die Betriebsanlagen der MVO. „Eine gewaltige Atmosphäre“, erinnert sich Lutz Ahrens heute. „Die Maschinenhalle wirkte wie eine Kathedrale

Dir. Thomas Heinrich Ahrens

* 20.02.1869 Heisterende/ Holst.
+ 27.09.1931 Leer/ Ostfr.

Gründer, Erbauer und 1. Direktor des
"Molkerei- Verband für Ostfriesland e. G.m.b.H. Leer"

Maschinenhalle des MVO. Aufnahme 1920.

mit abgesenktem Boden, einer gewölbten Decke, gelben Fliesen und einem roten Teppich." Viele Arbeiter erkannten seinen Vater und grüßten ihn erfreut. „Irgendwie war mein Vater noch immer der Juniorchef, obwohl mein Großvater schon 1931 verstorben war. Das war zwölf Jahre vor meiner Geburt. Ich kannte nur Erzählungen über ihn. Aber was sollte ich glauben?"

Gesichert ist: Heinrich Ahrens war gebürtiger Holsteiner. Die waren, zusammen mit den Oldenburgern, in der Erfolgsgeschichte der deutschen Milchwirtschaft immer weit vorne mit dabei. Im 19. Jahrhundert gab es in den großen Städten Buttermärkte, auf denen Bauern ihre selbst produzierte Butter anboten. Die unterschiedliche Milchmenge im Sommer und Winter ließ jedoch keine

Familienbild, um 1907. Der kleine Junge ist Heinrich Ahrens.

gleichmäßige Versorgung der Bevölkerung zu, denn verderbliche Butter konnte damals nicht konserviert werden. Von Mai bis August gab es eine Milch- und Butterschwemme, im Winter einen Engpass. Um 1890 setzte in Deutschland eine große Gründungswelle von Molkereien ein. Die meisten waren genossenschaftlich organisiert. Molkereien entstanden überall dort, wo die Bauern in Anbetracht der schlechten Wegeverhältnisse die Molkerei mit ihren Wagen täglich erreichen konnten. Die Bauern brachten ihre Überschüsse Milch zur Molkerei und brauchten sich so nicht mehr um Abnehmer zu kümmern. „Das Problem verlagerte sich dadurch: Nun mussten die Molkereien die Butter verkaufen“, erklärt Lutz Ahrens. Daraus entwickelte sich die Idee, einen Molkereiverband zu gründen. Erste Initiativen kamen durch den Ersten Weltkrieg zum Erliegen und wurden 1918 durch Molkereifachleute und Großbauern aus Ostfriesland wieder aufgegriffen. Ein Kühlhaus mit Carl von Lindes patentierter Kühltechnik sollte gebaut werden. „Doch warum wurde mein Großvater für die Planung ausgesucht?“ Lutz Ahrens forschte nach.

Heinrich Ahrens absolvierte eine kaufmännische Ausbildung und wurde schon in jungen Jahren Molkereiverwalter in Siethwende bei Elmshorn. Nach 1900 trat er die Stelle des Molkereidirektors

in Rodenkirchen in der Wesermarsch an. Dort hatte 1893 ein Ziegeleibesitzer einen Teil seines Gartenlandes für 1.500 Mark an die Molkereigenossenschaft verkauft. Die Leitung der Genossenschaft befand damals, dass dort „stets eine reine Luft sei und die günstige Lage am Sieltief die Entnahme des frischen Wassers durch die Ab- und Zuwässerung garantiere." Zum Betriebsbeginn belieferten 31 Genossen die Molkerei mit Milch, schon im folgenden Jahr waren es 159. Anfangs wurden täglich knapp 500 Pfund Butter produziert. Unter der Leitung von Heinrich Ahrens stieg der Betrieb in Rodenkirchen zur größten Molkerei des Deutschen Reiches auf, vermutlich sogar Europas. Rund 1.200 Bauern lieferten ihre Milch in Rodenkirchen an. Lutz Ahrens fand heraus, dass sein Großvater geschickt seine bestehenden Kontakte weiterpflegte. So gab es eine lebenslange Beziehung zum Norddeutschen Lloyd, der die Butter für alle Seeschiffe in Rodenkirchen kaufte – auch noch, als das Kühlhaus in Leer schon arbeitete und die Seeschiffe selbst mit einer Kühlung ausgestattet waren." Bis heute legendär ist die Produktion der Buttermarke „Rothe Kirche", in der nach einer Idee von Heinrich Ahrens der Wasseranteil von 16 Prozent auf unter acht Prozent gesenkt wurde. Das Naturprodukt Butter wurde in 10kg-Dosen luftdicht verpackt und ungekühlt nach China, Südamerika und Afrika verschifft.

1920 lebte Heinrich Ahrens mit seiner Frau bereits als Privatiers in Albersdorf nahe Heide in Holstein. Eine fünfköpfige Delegation aus Molkereifachleuten und ostfriesischen Bauern fragte ihn bei einem Besuch in Albersdorf, ob er in Ostfriesland ein Kühlhaus bauen könne. Heinrich Ahrens sagte zu, erhielt ein fürstliches Gehalt und Generalvollmacht. Daraufhin reiste er durch Ostfriesland auf der Suche nach einem geeigneten Standort. Er wurde in Leer an der Großstraße auf dem Gelände einer ehemaligen Möbelfabrik fündig. Das Grundstück gehörte der Stadt

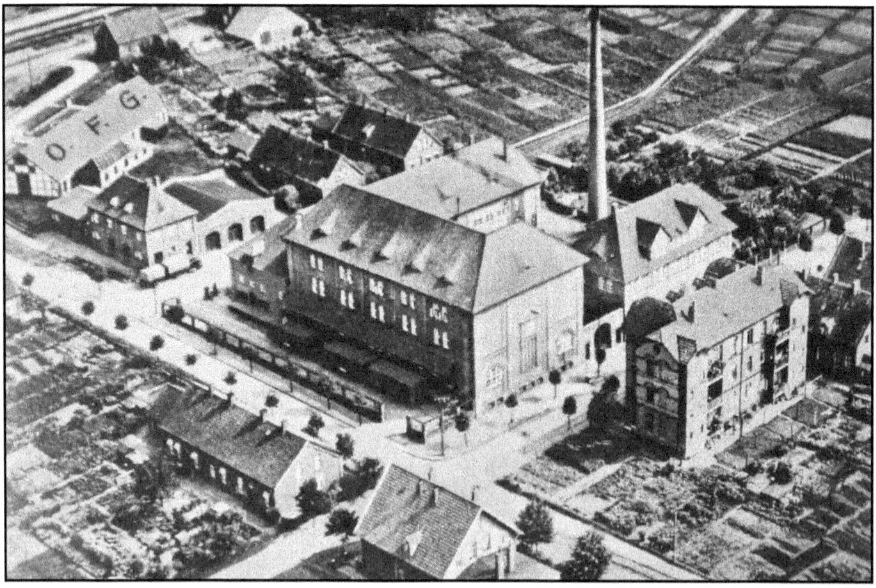

Luftbild des MVO Leer

Leer. Die Reichsbahn sagte nach Verhandlungen einen Gleisanschluss zu. Ahrens zog für rund zwei Jahre nach Leer ins Hotel Victoria und fertigte selbst Zeichnungen. Die legte er dem Bauunternehmer Ernst Schuhmacher vor und beauftragte ihn mit dem Bau nach seinen Vorgaben. Für die Bewehrung fehlte Stahl. Heinrich Ahrens besorgte dafür Eisenbahnschienen aus Hamburg. So entstand bis Ende 1921 das Kühlhaus. Der 35 Meter hohe Schornstein wurde von einer Spezialfirma errichtet. An der Westseite des Kühlhauses ist ein Sandsteinrelief mit der Jahreszahl 1921 angebracht. Der Bildhauer nutzte für die beiden Figuren Heinrichs Sohn Richard (damals 18 Jahre alt) und seine Schwester (22 Jahre) als Modell und gravierte den Wahlspruch der ostfriesischen Freiheit „Eala Frya Fresena“ ein. Lutz Ahrens: „Natürlich dachte mein Großvater auch an sich, er war schließlich Kaufmann. Im Obergeschoss des MVO-Gebäudes richtete er eine 230 Quadratmeter große Direktionswohnung ein“. Die Familie zog zwei Jahre später von Albersdorf nach Leer um. Heinrich Ahrens starb 1931. Mit seinem Nachfolger begann die NS-Zeit im MVO.

Relief am MVO Gebäude

Die Herausforderungen für Heinrich Ahrens bei Dienstantritt 1920 waren groß. Es galt, den Ausgleich zwischen Winter- und Sommererzeugung mit Butter zu erreichen. Auf der Agenda standen außerdem die Verbesserung der Butterqualität durch Prüfungen und Beratungen vor Ort, die Einführung einer einheitlichen Verpackung und die Beschaffung geeigneter Futtermittel zur Erhöhung der Milcherzeugung besonders im Winter. Ein Coup gelang Heinrich Ahrens mit der Einführung des Markenzeichens „Ostfriesische Markenbutter", das auf jeder 250-Gramm-Packung Butter der ostfriesischen Molkereien aufgedruckt war. „Mein Großvater vermarktete das Produkt reichsweit. Die Hausfrau in Stuttgart wusste, dass ostfriesische Markenbutter die beste Butter zum Backen ist." Die Nationalsozialisten ersetzten den Upstalsboom durch den Reichsadler und schufen den Begriff „Deutsche Markenbutter".

Heinrich Ahrens schaffte es bis 1924, dass alle ostfriesischen Molkereien Mitglied des MVO wurden. „Leer war nicht allein das Kühlhaus, sondern vor allem die logistische Zentrale", erklärt Lutz Ahrens die Struktur. „Eine Zusammenarbeit mit dem MVO konnte Molkereien das Überleben sichern." Jeden ostfriesischen Molkereibesitzer im MVO kannte Heinrich Ahrens persönlich. Zweimal im Jahr unternahm er in Begleitung seiner Frau eine Rundfahrt zu allen Mitgliedsbetrieben. Für weite Fahrten nutzte Heinrich Ahrens die Bahn, für kurze Strecken stand ihm ein Horch 8 mit Fahrer zur Verfügung, da er selbst kein Auto fuhr. Sieben, gar acht Stunden Bahnfahrt in einem komplett für ihn

Mitgliedsmolkerei Eintracht Collinghorst, ca. 1915.
Quelle: Anker Apotheke / Alwin Vossberger

angemieteten Coupé waren Heinrich Ahrens zu langweilig: Er ließ sich Körbe mit Essen und Trinken an den Bahnsteig bringen, schlenderte durch den Zug auf Suche nach interessanten Gesprächspartnern und lud sie zum Frühstücksplausch in sein Abteil ein. Trafen sich die Direktoren der angeschlossenen Molkereien alle zwei Monate im MVO, kümmerte sich Marie Ahrens als ausgebildete Hauswirtschafterin zusammen mit den beiden unvergessenen Hausmädchen Hanni und Bieni aus Logabirum um das leibliche Wohl der Gäste und organisierte das Damenprogramm.

Schon früh ahnte Richard Ahrens, dass es in wenigen Jahrzehnten in Ostfriesland keine Molkereien mehr geben würde. „Schau

Gebäude des MVO Leer. Deutlich ist der Schriftzug „Ostfriesen Butter" auf dem Gebäude und an den Fahrzeugen zu sehen.
Quelle: Heimatmuseum Leer

mal nach Holland, sagte mein Vater zu mir, als wir an der Logaer Fähre 1959 spazieren gingen. Da gibt es schon Milchhöfe. Die sind hundertmal größer als eine Molkerei in Ostfriesland, und so wird es auch hier werden. Demnächst wird jeder Bauer seine Milch selbst kühlen." Als Richard Ahrens 1970 starb, war der Niedergang schon abzusehen. „Dass es heute in Ostfriesland keine Molkereien mehr gibt, konnte man sich nicht vorstellen. Wenn ich als Kind über Land fuhr, gab es zwei Orientierungspunkte: den Kirchturm und den Schornstein der Molkerei", sagt Lutz Ahrens nachdenklich. „Der Molkereidirektor war zusammen mit dem Pastor, dem Doktor, dem Apotheker und dem Lehrer eine Respektsperson im Dorf. Er war schließlich der einzige industrielle Arbeitgeber."

In den 1980er-Jahren ging die Ära der ostfriesischen Molkereien zu Ende. „Viele der ehemaligen Molkereidirektoren sind noch immer gelähmt von der Schnelligkeit und Brutalität des Zusammenbruchs.“ 1988 übernahm der MVO den Oldenburgischen Molkereiverband, ebenfalls mit Kühlhaus, musste dafür aber den eigenen Betrieb in Leer einstellen. Die Gebäude der MVO standen seitdem leer. Ein Investor ließ inzwischen die Gebäude bis auf die historischen Teile abreißen und wird das Gelände mit rund 50 Wohnungen neu bebauen. „Das hätte meinen Großeltern gefallen“, sagt Lutz Ahrens zufrieden. Und fügt zu: „Selbst meine studierten Söhne wissen nicht, wie Butter entsteht. Es wird Zeit, dass das legendäre Milchland Weser-Ems – das Land, in dem Milch und Honig fließen – sich wieder seiner großartigen Milch- und Molkereigeschichte bewusst wird.“

Interview und Text: Detlef M. Plaisier
Portraitfoto: Stefan Wiemker

Anna Berghaus | Jahrgang 1934 | Leer

„Den jungen Leuten geht es heute zu gut“

Anna Berghaus wurde im September 1934 als Anna Anette Bokelmann in Detern geboren. Ihr Vater war Arnold Bokelmann, einer der drei Söhne des 1863 geborenen Deterner Bauunternehmers Gustav Bokelmann. Als die kleine Anna in den Kindergarten kam, war in Deutschland die Zeitenwende schon angebrochen.

Haus Bokelmann. Quelle: Gerd Bürjes, Detern

Es wurde viel gesungen „und auch marschiert“, erinnert sich Anna Berghaus. „Wir sind oft von Detern nach Velde zum Kindergartenheim gelaufen. Uns führte dann meine älteste Schwester, die Kindergärtnerin werden wollte.“

Nicht alle Familienmitglieder waren bis dahin in Deutschland geblieben. Die Schwester von Annas Mutter war schon 1926 mit ihrem Mann und einem Kind nach Amerika ausgewandert. Sie sahen in Deutschland keine wirtschaftliche Existenzmöglichkeit mehr. Ein Verwandter, der schon in Amerika lebte, bezahlte die Schiffspassagen. Nach langem Schweigen kamen Briefe, dass sie eine Farm gemietet hätten. 1949 kamen sie das erste Mal wieder nach Deutschland, um die beiden alten Mütter noch einmal zu sehen. Die Väter waren inzwischen verstorben. Der Onkel hatte aus Amerika eine große Kiste mitgebracht mit Lebensmitteln. Er gab ein großes Familienfest mit allen Vettern und Cousinen in Detern in der Gastwirtschaft Heiko Janssen (heute Deterner Krug). „Das war etwas ganz Besonderes mit Kuchen und Kakao. Wir haben es alle genossen“, erinnert sich Anna Berghaus, die damals 14 Jahre alt war. „Meine Tante erzählte bei dem Fest, dass sie erst Englisch gelernt habe, als die sechs Kinder zur Schule gingen. Bis dahin hatte sie immer auf der Farm gearbeitet.“ 1959 und 1964 gab es weitere Besuche. „Wir waren uns fremd, aber dann doch nicht fremd. Es war eben Familie. “ Inzwischen gibt es keine Kontakte mehr. „Die jüngste Generation kennt uns nicht mehr“, bedauert Anna Berghaus.

Im August 1940 wurde Anna, viertes von fünf Geschwistern, in die Volksschule Detern eingeschult. Auch diese Bilder sind noch sehr präsent: „Die Schule war nur eine kleine Volksschule mit zwei Klassen, eine kleine Klasse für die Schuljahre eins bis vier und eine große Klasse für die Schuljahre fünf bis acht. Die Klassen waren brechend voll. Das waren bestimmt insgesamt 50 Kinder." Darunter waren viele Flüchtlingskinder und Kinder, die aus Berlin evakuiert worden waren. Viele Mütter wohnten mit ihren kleinen Kindern allein im Dorf, die Väter waren im Kriegseinsatz. An eines der Mädchen kann sich Anna Bergmann besonders gut erinnern: Christa Bachmann kam jeden Mittag mit Annas jüngster Schwester zum Essen.

Schule Detern 1925. Quelle: Gerd Bürjes, Detern

Jeden Morgen gab es in der Schule für die Kinder etwas Süßes, Bonbons oder Plätzchen. Das war in der damaligen Zeit etwas Besonderes. Gar nicht ungewöhnlich war es, dass ein pensionierter Lehrer aus dem Ruhestand zurückgeholt worden war, um die Kinder in Detern zu unterrichten. Die jungen Lehrer waren alle eingezogen worden. „Wir durften als Erstklässler Herrn Bruns mit „Onkel Bruns" ansprechen", weiß Anna Berghaus noch. Spä-

7./8. Schuljahr, Oktober 1949. Anna Bokelmann ist in der 3.Reihe, 6. von links.

ter kamen dann zwei junge Lehrer hinzu, die aus der Kriegsgefangenschaft entlassen worden waren. Herr Werdermann und Herr Pieters kamen aber nicht aus Ostfriesland, sondern waren irgendwie vom Krieg nach Ostfriesland verschlagen worden.

Mühle Detern 1935. Quelle: G. Bürjes, Detern

Schon nach der Konfirmation begann für Anna „der Ernst des Lebens“: „Meine Mutter konnte uns ja nicht alle zu Hause behalten. Meine älteste Schwester kam zu dem Müller bei uns im Ort in Stellung als Haushaltshilfe. Dafür durfte unsere Familie bei dem Müller auf dessen Land eine

Kuh weiden. Die Kuh gehörte nicht uns, wir hatten sie von einem Bauern „in Weide“. Die Milch durften wir behalten. So war unsere große Familie mit Milch versorgt, und wir haben auch selbst gebuttert. An das Stampfen kann ich mich noch gut erinnern.“ Annas Bruder, der älteste der Geschwister, war noch in Kriegsgefangenschaft.

Am 1.Mai 1949 mit zwei Freundinnen

Nach Ende der Schulzeit kam Anna Bokelmann in ein Gemischtwarengeschäft in Detern. „Da gab es von jedem etwas, von Kleiderstoffen und Unterwäsche bis zu Porzellan und Lebensmitteln. Inzwischen konnte man ja nach der Währungsreform auch etwas kaufen.“ Ich half im Haushalt, damit die Hausfrau mit in den Laden gehen konnte. Und wenn genügend Zeit war, durfte Anna im Laden die Kunden mit bedienen und die Regale einräumen. „Nach drei Jahren dachte ich, ich müsste in die Welt hinaus.“

Anna Bokelmann ging nach Norderney in eine Pension, merkte aber schnell, wie brutal dort das Geschäft war. „Ich musste alles rund um die Uhr machen, es gab keine Freizeit.“ Sie bleib nur eine Saison und bewarb sich dann beim Kaufhaus Ceka als Verkäuferin. „Durch das Gemischtwarengeschäft konnte ich ja etwas Erfahrung vorweisen. Ich weiß noch genau, wie mich der Gründer Hans Többens nach einem Gespräch in seiner Privatwohnung persönlich eingestellt hat. Ich hatte ja nicht mal eine Lehre.“ Bei Ceka blieb die junge Frau von 1953 bis 1961. Damals gab es in den Kaufhäusern noch keine Selbstbedienung: Die Verkäuferinnen standen hinter dem Verkaufstresen, und dahinter lag in den Regalen die Ware. Mit jedem Kunden wurde ein Gespräch geführt, „und hinterher mussten wir das aufräumen, was wir dem Kunden zur Auswahl vorgelegt hatten."

1960 heiratete Anna Bokelmann und hieß fortan Berghaus. In der Neuen Straße in Leer baute sie gemeinsam mit ihrem Mann, dessen Familie und Freunden einen Dachboden aus: „So hatten wir wenigstens eine gemeinsame Wohnung. Mein Bruder war Bauingenieur geworden und half uns, und auch die Brüder meines Mannes packten mit an. Jeder half dem anderen, so gut er konnte." Ein Auto hatte das Ehepaar damals nicht, der Mann arbeitete auswärts. „Und hatte ich jeden Tag von der Neuen Straße aus den Blick auf die Olympia Werke." Anna Berghaus wollte gern arbeiten, „aber nicht am Fließband. Ich konnte ja mehr." Sie bewarb sich für eine Stelle im Büro und arbeitete dann in der technischen Vorkalkulation, wo sie direkt den Meistern im Betrieb zuarbeitete. Dort blieb Anna Berghaus bis 1964, als die gemeinsame Tochter geboren wurde.

Schon 1963 hatte das Ehepaar in Leer-Loga ein Grundstück gekauft. Sie begannen im Herbst gleichen Jahres mit dem Hausbau. „Da kam unsere Zeitplanung ganz schön durcheinander", erinnert sich Anna Berghaus. „Es kam ein richtig strenger Winter, und ich wurde schwanger. Ich wollte doch erst in das Haus ziehen und dann ein Kind haben!" Im Mai 1964 kam dann eine Tochter zur Welt, zwei Monate später wurde das Haus bezogen. Nach eineinhalb Jahren folgte ein Sohn, Anna Berghaus blieb zu Hause. „Damals war es einfach nicht üblich, als Mutter zu arbeiten. Mir wäre es auch praktisch nicht möglich gewesen zu arbeiten: Meine Eltern wohnten in Detern, die Schwiegereltern in Langholt." Die Rollenverteilung war klar und wurde auch nicht in Frage gestellt: Die Mutter betreute die Kinder und kümmerte sich um den Haushalt, der Mann ging arbeiten. „Wenn der Mann nach Hause kam, sollte alles bereitet sein, und er sollte Feierabend haben. Mein Mann war für die damalige Zeit allerdings schon etwas fortschrittlicher: Er ging schon mal mit dem Kinderwagen durch den Ort", schmunzelt Anna Berghaus. „Im Vergleich zu heute lebten wir sehr bescheiden, aber alles wurde geregelt, und wir waren glücklich und zufrieden."

Als das Gespräch auf die Möglichkeiten der beruflichen Entwicklung und der Gleichstellung von Frauen kommt, wird Anna Berghaus ernst. Während der Kindererziehung habe sie nie daran gedacht, sich fortzubilden oder zu arbeiten. „Das kam erst später, als die Kinder größer waren. Nur einmal hatte ich eine kurze Festanstellung, sonst immer als Aushilfe." Als es in Loga dann einen Kindergarten gab, wurden die Kinder dort vier Stunden vormittags von acht bis zwölf betreut. Niemand dachte daran, auf berufstätige Mütter Rücksicht zu nehmen. „Meine Tochter ist Gymnasiallehrerin geworden und konnte sich, als ihre Kinder noch kleiner waren, eine Tagesmutter leisten. Das war in meiner Zeit gar nicht möglich. Deswegen habe ich nie einen Beruf gelernt. Das habe ich oft bedauert. Haushalt und Familie haben mich so in Anspruch genommen, dass ich keine Möglichkeit hatte, eine Lehre nachzuholen. Und es gab ja auch keine Unterstützung. Die Geschwister hatten ja selbst ihre Familien."

Ihr Wunschberuf? „Hebamme. Ich hätte gern nach der Schulentlassung einen Beruf gelernt. Für eine Ausbildung hätte ich nach Leer gemusst. Das wäre mit der Bahn möglich gewesen, aber die Fahrtzeiten passten nicht." Der „großen Schwester" von Anna Berghaus ging es ähnlich: Geboren 1926, wollte sie nach dem Krieg Erzieherin werden. Sie schaffte es immerhin bis nach Oldenburg zur Kindergärtnerinnenschule. Als die nach dem Krieg geschlossen wurde, musste sie in Stellung gehen, um die Familie durchzubringen. „Man spricht jetzt oft darüber, dass Frauen meiner Generation arm sind und nur wenig Rente haben. Wir hatten einfach keine Chancen zu mehr“, resümiert Anna Berghaus. Sie bittet um eine kurze Pause im Gespräch, nimmt den Faden wieder auf und schlägt einen Bogen zu den jungen Menschen von heute:

„Sie können Geld bekommen und sich weiterbilden auf Kosten des Staates. Ich denke oft, diese Chancen werden zu wenig genutzt. Vielen jungen Leuten fehlt der Ehrgeiz, mehr werden zu wollen und nicht klein zu bleiben. Ihnen fehlt der Stolz, eigenes Geld zu verdienen, etwas geschafft zu haben, eine Familie zu ernähren, vielleicht ein Häuschen zu bauen.“ Woran das liegt? „Vielleicht sind die Eltern kein Vorbild mehr. Man muss als Eltern hinter seinen Kindern stehen und die Kinder anspornen. Man muss ihnen das Umfeld für ihr späteres Leben bereiten und selbst zurückstecken. Wir wollten, dass es unsere Kinder einmal besser haben und sich etwas leisten können. Mein Mann hat das voll unterstützt. Zum Glück haben meine beiden Kinder das Köpfchen dafür und haben beide studiert. Doch dafür habe ich viel an Zeit und Geld investiert, vom Schulmaterial bis zur Kleidung.“ Außerdem, meint Anna Berghaus, werde Kindern heute zu viel geboten, was sie ohne Gegenleistung einfach mitnehmen könnten. „Sie werden von Großeltern, denen es gut geht, zu großzügig beschenkt. Den jungen Leuten geht es heute einfach zu gut. Sie wissen, dass heute niemand mehr verhungert, und zum Anziehen gibt es auch genug. Viele kennen auch gar keinen strukturierten Tagesablauf. Wer nur mit dem Handy spielt, lernt eben nichts." Der Appell von Anna Berghaus ist eindeutig: „Die ganze Gesellschaft muss daran arbeiten, dass junge Leute besser motiviert werden. Und wenn das nicht klappt, muss eben mal gekürzt werden."

Versöhnlich hat Anna Berghaus einen Wunsch an die junge Generation: „Seit meinem 18. Lebensjahr singe ich in gemischten Chören. Doch uns fehlt der Nachwuchs." Von ehemals 50 Mitgliedern im Leeraner Orpheus-Chor, dem Anna Berghaus seit 1988 angehört, seien jetzt noch 29 aktiv. „Vor allem brauchen wir dringend Bass-Stimmen." Das Repertoire reicht von Freddy bis Evita. „Wir geben auch Konzerte, und wir haben Riesenspaß. Es wäre schön, wenn wir uns deutlich verjüngen."

Interview: Katrin Bunke
Text: Detlef M. Plaisier
Portraitfoto: Stefan Wiemker

Johanna Bleeker
Jahrgang 1928
Neukamperfehn-Neuefehn

„Als einzige Tochter war ich wohlbehütet“

Das Urteil war schnell gefällt: „Hier bleiben wir nicht!“. Als Johanna Münch zusammen mit ihrer Mutter im März 1946 als Flüchtling in Neuefehn eintraf, zeigte sich Ostfriesland kalt und kahl. Doch es kam anders: Johanna Münch blieb und fand mit ihrem „Joke“ einen Lebenspartner, mit dem sie fast 65 Jahre verheiratet war. Im Gespräch erinnert sich Johanna Bleeker an ihre Kindheit und Jugend, die durch Flucht und harte Arbeit geprägt war.

„Hannchen“ wurde in Winzig im niederschlesischen Kreis Wohlau geboren und wuchs in Breslau auf. „Als einzige Tochter war ich wohlbehütet“, blickt sie zurück. Johanna Münch besuchte acht Jahre die Volksschule und absolvierte dann ein Jahr Landdienst

Quelle: Sammlung Plaisier

bei einem Bauern im Isergebirge (Sudeten). Der folgende Besuch der städtischen Handelsschule in Breslau war schon nicht mehr geregelt möglich: „Wir mussten Luftschutzwache schieben, zwei Lehrer wurden zum Kriegsdienst eingezogen. Wir bekamen unsere Hausaufgaben und konnten wieder nach Hause gehen."

Im August 1944, zwei Monate vor ihrem 16. Geburtstag, wurde Johanna zusammen mit anderen jungen Leuten im Zug Richtung Osten transportiert. Die Mission lautete, den Ostwall als Verteidigungslinie auszubauen. „Über uns waren während der Arbeit laufend die Flieger. Aber es waren wohl nur Aufklärer. Wir haben mit sechszehn Mädchen bei den Bauern unter den Dachziegeln auf dem Boden gehaust, und die Mäuse wurden von Tag zu Tag mehr. Die Bauern hatten nur ein Plumpsklo, nicht mit Grube, sondern mit einem Eimer. Verpflegung gab es mittags eine

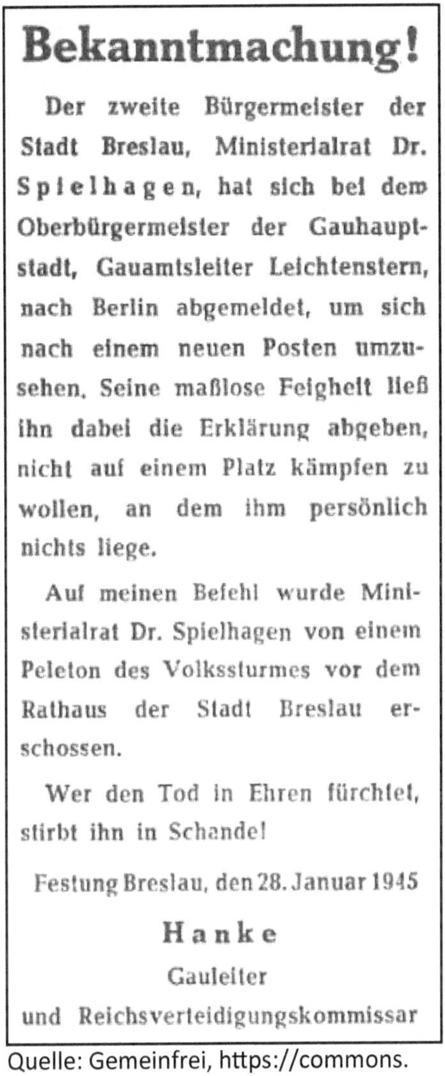

Bekanntmachung!

Der zweite Bürgermeister der Stadt Breslau, Ministerialrat Dr. Spielhagen, hat sich bei dem Oberbürgermeister der Gauhauptstadt, Gauamtsleiter Leichtenstern, nach Berlin abgemeldet, um sich nach einem neuen Posten umzusehen. Seine maßlose Feigheit ließ ihn dabei die Erklärung abgeben, nicht auf einem Platz kämpfen zu wollen, an dem ihm persönlich nichts liege.

Auf meinen Befehl wurde Ministerialrat Dr. Spielhagen von einem Peleton des Volkssturmes vor dem Rathaus der Stadt Breslau erschossen.

Wer den Tod in Ehren fürchtet, stirbt ihn in Schande!

Festung Breslau, den 28. Januar 1945

Hanke

Gauleiter

und Reichsverteidigungskommissar

Quelle: Gemeinfrei, https://commons.wikimedia.org/wiki/File:SpielhagenHanke.jpg

Bahnstation weiter, aus einem großen Militärzug. Manchmal mussten wir da auch Kartoffeln schälen. Abends bekamen wir Brot und Aufschnitt." Nur wer hohes Fieber hatte, wurde nach Hause geschickt. „Gewaschen haben wir uns an der Pumpe. Abends, nach der Arbeit, konnten wir uns in einer ehemaligen Schnapsfabrik duschen, und etwas warmes Wasser gab es auch."

Ende Oktober kam Johanna für eine Woche nach Hause, doch der nächste Einsatz folgte sofort: Sie wurde in eine Fabrik abkommandiert, in der Munitionskisten angefertigt wurden, etwa einen Kilometer vom Verschiebebahnhof Breslau entfernt. „Da war ich auch über Weihnachten. Wenigstens an Heiligabend hatten wir frei. Bei Fliegeralarm durften wir in den Keller, aber die ausländischen Arbeiter nicht; die wurden in ihre Baracke geschickt." Als Ende Januar 1945 der Verschiebebahnhof und die Fabrik durch einen Fliegerangriff schwer getroffen wurde, war der Einsatz beendet.

Im August 1944 erklärte Reichskanzler Adolf Hitler Breslau in einem Geheimbefehl zur „Festung" gegen die sowjetische Rote Armee. Johannas Vater hatte schon früh geplant, dass Johanna mit ihrer Mutter die Stadt verlassen sollte. Am 20. Januar wurde über Durchsagen aus den öffentlichen Lautsprechersäulen die Evakuierung aller nicht wehrtauglichen Einwohner der Stadt angeordnet. Fünf Tage später verließ Johanna mit ihrer Mutter die Stadt. „Mein Vater war bei der Post angestellt. Die Mitarbeiter flickten alte Postautos zusammen, und bereits pensionierte Fahrer, die älter als 65 waren, brachten dann Frauen und Kinder aus der Festung raus." Mutter und Tochter schafften es, sich bis zu dem Landdienstbauern im Isergebirge durchzuschlagen – aber die Odyssee fand kein Ende.

„Die Familie hatte schon Rumäniendeutsche aufgenommen, die mit Pferd und Wagen angekommen waren. Ich wurde trotzdem aufgenommen, meine Mutter kam bei Nachbarn unter", erinnert sich Johanna Bleeker. Unvergessen bleibt ihr der 15. Februar 1945: „Da war der große Luftangriff auf Dresden. Wir konnten den hellen Feuerschein vom Isergebirge aus sehen."

Am 20. Februar mussten alle Flüchtlinge das Dorf im Isergebirge verlassen, und wieder folgte eine lange Zugfahrt. Die Unterbringung in einem Auffanglager in Aussig an der Elbe blieb Johanna und ihrer Mutter durch die Bürgschaft einer Frau aus Freiberg in Sachsen erspart, die sie im Zug kennengelernt hatten. In Freiberg wurden beide im ehemaligen Wartezimmer eines Zahnarztes untergebracht, der eingezogen worden war. „Doch wie sollten wir existieren? Wir erhielten die Erlaubnis, unter dem Schnee Holz zu sammeln. Wir hatten ja meinen Schlitten für den Gepäcktransport mitgenommen, und so sammelten wir Holz.

Aber wie sollten wir die Stücke dann kleinkriegen? Wir haben ganz schön was mitgemacht. Und wir haben richtig gehungert. Auf Marken gab es nur wenig, und frei kriegten wir nur Kohlrabi und Rote Bete."

Als der Landdienstbauer aus dem Isergebirge anfragte, ob Johanna nicht zurückkommen und die Familie unterstützen wolle, machten sich Mutter und Tochter Anfang Mai 1945 auf den Weg zurück. Doch die Fahrt wurde jäh von russischen Soldaten gestoppt. „Wir mussten alle auf einem Bahnhof in den Luftschutzkeller und wurden in Baracken getrieben. Am nächsten Tag wurden wir alle im Ort registriert und bekamen ein Dokument auf Tschechisch ausgestellt mit der Order, so schnell wie möglich das Sudentenland zu verlassen. Es bildete sich eine große Kolonne, davon ein Drittel verwundete Soldaten, und wir schlossen uns an. Das Gepäck hatte man uns weggenommen. Wir hatten nur unsere Kleider am Leib." Wieder landeten beide in Freiburg, und wieder standen sie vor dem Nichts. Man verweigerte ihnen die erneute Anmeldung, es gab keine Lebensmittelmarken.

So entschlossen sich Johanna und ihre Mutter zu einem letzten, verzweifelten Schritt: In Freiberg lebten viele Ausländer, die Richtung Osten nach Hause wollten. „Meine Mutter konnte ein paar Brocken Polnisch, also wagten wir es: Wir stiegen in einen Viehwaggon ein und fuhren mit. Viele Strecken mussten wir laufen, weil die Gleise kaputt waren. Und wenn es nicht mehr weiter ging, warteten wir auf den nächsten Zug. Meine Mutter beruhigte mich und immer war sicher, es ging gegen Osten."

Die Räder rollten bis in einen Vorort von Breslau. „Wir mussten zu Fuß in die Stadt weiter. Nachts haben wir uns in zerbombten

Häusern versteckt. Alles war ein furchtbares Trümmerfeld." In einer Menschenmenge vor einem Bäcker, der frisches Brot gebacken hatte, traf Johannas Mutter eine Bekannte, die Obdach anbot. „Bei ihr gab es alles: Sie hatte pfundweise Lebensmittel, Holzkisten mit Fett und Schmalz, Zucker, Mehl, Bohnen, Erbsen, nur keine Kartoffeln." In Breslau erfuhr Johanna endlich etwas über den Verbleib ihres Vaters: Er war in russische Gefangenschaft geraten und bis hinter Moskau gebracht worden. Dort habe man ihn untersucht, für nicht tauglich befunden, zurück- transportiert und in Frankfurt/Oder entlassen. Nach Breslau wurde er nicht reingelassen, so lebte er in Berlin bei Verwandten. Welche Erleichterung!

Nachdem Johanna bei einer polnisch-russisch Offiziersfamilie im Haushalt geholfen hatte, musste im März 1946 die gesamte Straße geräumt werden. „Und schon wieder wurden wir in Viehwaggons verladen, fuhren fünf Tage, und wir wussten nicht, wo es hingeht. In Magdeburg standen wir eine halbe Nacht im Bahnhof, da begann es zu schneien." Auf dem ehemaligen Kasernenareal Ellernfeld im Süden der Innenstadt von Aurich wurden alle Flüchtlinge registriert. „Dann packte man uns auf einen Lastwagen und lud uns in Neuefehn aus." Willkommen in Ostfriesland!

Johanna war gerade 17 Jahre alt. Hinter ihr lagen zweieinhalb Jahre Flucht mit harter Arbeit, Hunger und Entbehrungen, Transport in Viehwaggons – und vor ihr lag wieder einmal Ungewissheit. „Wir besaßen ein Federbett, ein Kopfkissen und ein paar Decken. Unsere wenigen Sachen hatten wir in Breslau aus leerstehenden Häusern organisiert. Das war ja kein Stehlen." Die Ankunft in Neuefehn war ein Schock: „Wir sagten gleich: Hier können wir nicht bleiben. Es war alles so kahl und kalt." Johanna und ihre Mutter wurden in ein Zimmer im ersten Stock gebracht. „Da stand ein nacktes Bettgestell. Auf den Spiralen konnten wir nicht schlafen, so legten wir uns die erste Nacht auf den Fußboden. Am nächsten Tag mussten wir beim Bürgermeister unser Gepäck abholen. Er versprach, uns zu helfen. Im Laufe des Tages kam jemand vorbei und brachte einen Strohsack. Unsere Wirtin gab uns widerwillig zwei Stühle. Auf einen Bezugsschein bekamen wir einen Kanonenofen, der mit großen Stücken grauem Torf geheizt wurde."

Von Neuefehn aus forschte Johanna gleich nach der Ankunft nach dem Verbleib anderer Familienmitglieder. In Berlin hatten alle überlebt, auch ihr Vater, der im Juli nach Neuefehn zu Besuch kam. Zu ihrem 18. Geburtstag, im Oktober 1946, machte sich Johanna ein ganz besonderes Geschenk: Sie startete zu einer Rundreise zu allen ihren Verwandten. Viele von ihnen hatte sie über das Rote Kreuz ausfindig gemacht. „Im November war ich in Bayern, in der Nähe von München. Mein Onkel war dort Schlachter, und die Familie hatte viel Platz auf einem alten Bauernhof." Auf dem Hof waren auch Flüchtlinge untergebracht. Johanna blieb bis zum Frühjahr. Nach der Schneeschmelze suchte die Gemeinde Personal zum Tannenbaumpflanzen. Johanna machte mit, wurde bezahlt und bekam sogar eine Schwerarbeiterkarte, das bedeutete bessere Lebensmittelrationen. Ihre Mutter fragte bald besorgt, wann sie denn wiederkäme. Erst im September kehrte Johanna dann zurück nach Neuefehn – und wurde überrascht: „Meine Eltern hatten eine Fahrt mit der Kleinbahn nach Langeoog gebucht. Fast die gesamte Gemeinde fuhr mit." Im Zug fuhr auch Johannas späterer Mann Johann genannt „Joke" mit. Allerdings hatte er nicht den Mut, sie persönlich um ein erstes Treffen zu fragen, und schickte seinen Bruder vor.

Nach zwei Jahren Beziehung zogen erste Wolken auf. „Eine Saison war mein Joke weg, im Winter war er dann zu Hause – so ein Leben wollte ich nicht. Für eine Seemannsfrau bin ich nicht geeignet. Ich hätte ja eigene Arbeit in Aurich oder Leer gefunden.“ So stellte Johanna ein Ultimatum: Mach etwas anderes, oder unsere Wege trennen sich. Mehrere Wochen war Funkstille. „Er war sehr betroffen“, denkt Johanna Bleeker zurück – und er lenkte ein: Joke entschied sich nach einem Gespräch mit seinem Vater dafür umzusatteln.

Goldene Hochzeit im Jahr 2000

1950 heirateten Johanna und Joke. Ein halbes Jahr vor der Eisernen Hochzeit, an seinem 91. Geburtstag, starb Joke.

Interview: Vanessa Rieken
Text: Detlef M. Plaisier
Portraitfoto: Stefan Wiemker

Johanne Boyken
Jahrgang 1927
Uplengen-Großoldendorf

„Wir haben uns gefreut, wenn wir einen Pfennig fanden"

Ich wurde am 10. Mai 1927 als Älteste von neun Geschwistern in Lammertsfehn geboren. Einer meiner Brüder starb eineinhalb Jahre nach seiner Geburt an Lungenschwäche. Wie es in der Zeit des Nationalsozialismus üblich war, erhielten zwei meiner Brüder die Vornamen Adolf und Hermann. Dafür bekamen meine Eltern als Patengeschenk eine finanzielle Zuwendung. Von meinen Geschwistern leben noch zwei Schwestern und zwei Brüder.

Als ich acht Jahre alt war, brannte unser Haus ab. Das Feuer war in der Scheune entstanden und hatte dann auf das Haus übergegriffen. Das Backhaus war verschont geblieben. So richtete man für meine Mutter und meine Oma das Backhaus mit einer Schlafgelegenheit und einem Ofen her, mein Vater und wir Kin-

Aufnahme 1931/1932

der kamen im Dorf unter. Ein neues Haus war schnell gebaut. Mein Vater war handwerklich sehr geschickt. Nur meine Zöpfe zu flechten, das bekam er nicht hin. Ich musste jeden Morgen vor Schulbeginn vom Dorf zu meiner Mutter ins Backhaus laufen. Als das neue Haus im Rohbau fertig war, holte mein Vater mehrere Kloppen Stroh und verteilte das Stroh im Kartoffelkeller. Der Keller hatte eine Tür und war wohl vier Meter lang und etwa eineinhalb Meter breit. Man konnte darin gerade noch die Beine ausstrecken. Mein Vater besorgte einige Decken und sagte: Hier schlafen wir jetzt. Wir Geschwister legten uns zum Schlafen alle nebeneinander, mein Vater kam als letzter dazu.

Als ich sechs Jahre alt war, kam ich zur Schule. Ich war bis dahin kaum mit anderen Kindern zusammen. Einen Kindergarten gab es damals nicht. Ich konnte kein Wort Hochdeutsch sprechen. Meine Eltern, meine Großeltern, die Nachbarskinder – alle sprachen nur Plattdeutsch. Wir mussten mehrere Kilometer bis zur Schule laufen, eine Busverbindung gab es nicht. Wir liefen barfuß oder mit Klumpen. Meine Eltern konnten uns keine Lederschuhe kaufen. Auf dem Rücken trugen wir eine Schulmappe mit einer Schiefertafel. An zwei Bändern waren ein Schwamm und ein trockener Lappen befestigt. Wenn wir auf dem Schulweg schneller liefen, klöterten die Griffel im Griffelkasten. Kleidung war früher nicht so wichtig wie heute. Niemand wurde deswegen ausgelacht. Wir Mädchen hatten alle eine Schürze um und trugen selbstgestrickte Strümpfe. Die Haare waren zu Zöpfen geflochten, die Jungs hatten fast alle einen Ponyschnitt.

Man konnte für ein bisschen Geld viel kaufen. Wir haben uns gefreut, wenn wir einen Pfennig fanden. Dafür konnten wir zehn Murmeln kaufen. Bekamen wir einen Groschen geschenkt, waren das hundert Murmeln! Der Schulplatz war voller Löcher, da wurden die Murmeln eingekullert. Die Jungs hatten manchmal ihre Hosentaschen voll mit Murmeln, je nachdem, ob sie gewonnen oder verloren hatten. Wir Mädchen spielten gern mit Bällen an der Wand. Von Hinke-Pinke und Kreisspielen wurde uns im Winter ganz schön warm. Spielgeräte gab es auf dem Schulhof nur wenige. Da war eine Reckstange und ein Zing-Zang, das ist eine Schaukel mit einem einfachen Brett, deren Tauenden an einem Baum befestigt waren. In der Mitte des Schulplatzes stand ein Brunnen mit einer großen Wasserpumpe und mehreren Bechern, in die wir Wasser pumpten, um uns zu erfrischen. Der große Ofen in der Schule wurde mit Holz und Torf geheizt. Zur Handarbeitsstunde gaben uns die Eltern fünf Pfennig mit. Dafür kauften wir beim Kaufmann eine Tüte Bonbons. Wollten wir zum Schützenfest, bekamen wir sogar 50 Pfennig mit. Einmal Karussellfahren kostete fünf Pfennig. Das Karussell wurde von Pferden gezogen.

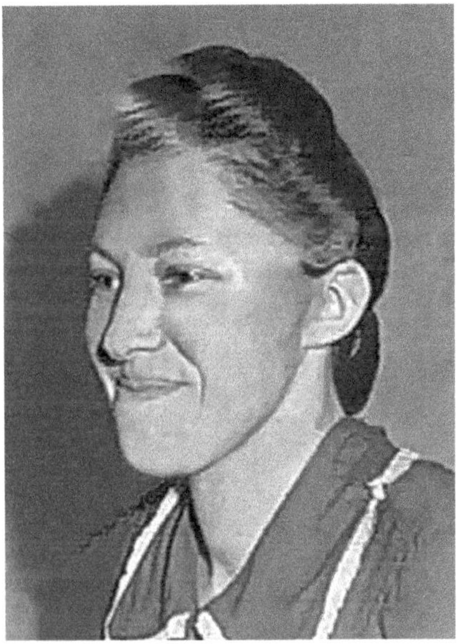

Aufnahme 1936

Nachmittags mussten wir Zeitungen austragen. Unser Fahrrad haben wir uns selbst verdient. Wir sind armselig aufgewachsen und waren nicht verwöhnt. Unser Essen war einfach, aber wir haben nie gehungert. Ohne Radio und Fernsehen war es auch schön. Mit 13 Jahren verließ ich die Schule und ging bei einem Kleinbauern in meinem Geburtsdorf in Stellung. Ich bekam dafür zehn Mark im Monat, Essen und Unterkunft waren frei. Ich mochte gern arbeiten, auch in den weiteren Stellungen als Dienstmädchen, die ich als junge Frau angenommen hatte.

1948 habe ich geheiratet. Bis dahin und noch vier weitere Jahre wohnte ich mit meinen Geschwistern und meiner Oma in meinem Elternhaus. Zur Hochzeit wurde eine Durchgangsstube für meinen Mann und mich freigemacht. Wollte die Oma zu ihrem Zimmer, musste sie immer erst bei uns durch das Zimmer. In der Stube, die nur ein Provisorium sein sollte, brachte ich dann drei Kinder zur Welt, bis mein Mann und ich die erste eigene Mietwohnung bezogen. Darin gab es noch einen Stangenofen und Butzen zum Schlafen.

Johanne Boyken mit ihrem Mann und den fünf Töchtern

Mein Mann war ein Heimkind. Seine Mutter war gestorben, als er vier Jahre alt war. Sein Vater, ein Schiffer, konnte die Familie aus den Erlösen seines Schiffes nicht ernähren und gab die sieben Geschwister ins Heim. Aus der Ehe mit meinem Mann gingen fünf Töchter hervor. Als die letzte Tochter geboren wurde, war ich schon ein Jahr Großmutter. Inzwischen bin ich reich gesegnet mit neun Enkeln, sieben Urenkeln und einem Ururenkel. Mein Mann und ich waren fast 70 Jahre verheiratet. Leider konnten wir die Gnadenhochzeit nicht mehr gemeinsam feiern. Umso schöner war es für uns, dass wir mit unserer ältesten Tochter deren Goldene Hochzeit begehen konnten. Sie hatte schon mit 17 Jahren geheiratet.

Seit 50 Jahren beschäftige ich mich mit Blumen. Aus einem Hobby wurde mehr zufällig ein Erwerb: Meine Seiden-, Trocken- und Grabgestecke fanden großen Anklang. So bauten wir einen Anhänger zu einem Verkaufsstand um und fuhren zu Märkten und Flohmärkten. Mein Mann fertigte aus Holz Vogelhäuschen, die wir auch zum Verkauf anboten. Unsere Leidenschaft machte uns noch im Alter berühmt. Landfrauenvereine kamen mit Bussen in unsere kreative Werkstatt, und der NDR besuchte uns zu Aufnahmen für eine Gartensendung. Auch wenn es mir gesundheitlich inzwischen schwerfällt, wohne ich noch in unserem Haus mit Garten, Teichen und Springbrunnen, das wir „Villa Waldfrieden" genannt haben.

Interview: Monika van Geuns
Text: Detlef M. Plaisier
Portraitfoto: Stefan Wiemker

Johanne Buß
Jahrgang 1927
Ostrhauderfehn

„Die Fehntjer Frauen brauchen ein Denkmal!"

Das Gehen fällt Johanne Buß mit den Jahren ein wenig schwerer. Doch die Augen hinter den Brillengläsern blitzen ungebrochen und wissbegierig – und manchmal sogar kampfeslustig: Ostrhauderfehn und der Nachbar Westrhauderfehn begehen im Jahr 2019 das 250jährige Jubiläum ihrer Gründung mit einem prall gefüllten Festkalender. Dies sei doch ein passender Anlass, um den Beitrag der Fehntjer Frauen mit einem Denkmal zu ehren, meinte Johanne Buß. „Während die Männer mit ihren Schiffen auf den Flüssen und Meeren unterwegs waren, haben die Frauen auf den Fehnen ihren Mann gestanden", so schrieb sie in einem Brief an Rat und Verwaltung in Ostrhauderfehn. Bürgermeister Günter Harders konnte sich so gar nicht für die Initiative begeistern. „Ein Denkmal ist und bleibt ein kalter, gefühlloser Stein", beschied er. Lediglich eine Personengruppe mit einer Ehrung zu bevorzugen, provoziere doch nur Unfrieden. Johanne Buß war „entsetzt“ über die Antwort.

Johanne Meyerhoff wurde 1927 in der Holtermoorer Schulstraße im Haus der Familie Weers geboren. Die Eltern Meyerhoff wohnten dort zur Miete. Die beiden Mädchen der Familie Weers waren Zwillinge und fünf Jahre älter. „Meinen Vater haben wir als Kinder nicht kennengelernt, weil er immer an Bord war. Er wollte was Anständiges lernen, und darüber war sein Vater auch sehr erfreut. Der war Seemann und hatte Segelmacher gelernt. Er hielt sich zu Beginn des ersten Weltkrieges 1914 in Baltimore auf und wurde dort interniert. Er hat viele Lieder und Sprüche aufgeschrieben, die auch erhalten sind. Drei Wochen vor seiner geplanten Entlassung starb er im August 1918 an Typhus. Zu Hause warteten seine Frau und vier Kinder.“

1934 bauten die Eltern von Johanne Meyerhoff das erste Haus am Königsweg. Sie erinnert sich, wie es damals dort aussah: „Der Königsweg war ein düsterer Moorweg. Wenn es lange geregnet hatte, kam das schwarze Moor aus den Löchern. Die Bauern bekamen ihre Fracht kaum durch den Weg transportiert und steckten bis zur Achse fest. Elektrisches Licht und Wasserleitungen gab es noch nicht. Im Haus hatten wir eine Zisterne mit einer Handpumpe darauf. Neben dem Haus stand ein Brunnen, der mit Grautorf umrandet war. Aus der Quelle kam hellbraunes Wasser, das wir zum Trinken und zum Teebereiten nutzten. In trockenen Sommern konnten wir Wasser aus dem Graben holen, der am Königsweg entlanglief, der hatte Ebbe und Flut. Der Ofen stand in der Wohnküche und wurde mit Torf befeuert. Darauf wurde das Essen gekocht und er hielt die Kammer warm.

In den letzten Tagen vor Kriegsbeginn 1939 bekamen wir dann Stromleitungen."

Johanner Buß in der Schule mit ihrem Bruder. Aufnahme 1934.

Auf acht Jahre Schule in Holtermoor folgte für Johanne im Jahr 1942 ein Pflichtjahr in der Mühle Ihren. Die Windmühle war schon zu einer Motormühle umgewandelt worden. Müller Schmidt war an der Front. Das Ehepaar Schmidt hatte einen Sohn von eineinhalb Jahren. „Die unverheirateten Tanten durften nie sehen, wenn ich den kleinen Reemt auf den Arm nahm. Ich war ja nur Untertan." Am Anfang plagte Johanne „tüchtiges Heimweh. Ich schlief bei der Müllersfrau im Schlafzimmer, weil sie so große Angst vor den Fliegern hatte." Bei dieser Erinnerung schmunzelt Johanne Buß: „Frau Schmidt gefielen meine Nachthemden besonders gut. Die hatte mir meine Mutter aus Nesselstoff von alten Übergardinen genäht." In der Mühle arbeitete auch ein französischer Kriegsgefangener zur Unterstützung in der Landwirtschaft. Johanne Buß erinnert sich an ihn: „Charles Perron aus Lyon war technischer Zeichner. Er durfte mit uns am Tisch essen, obwohl das streng verboten war, und sagte immer Frollein zu mir. Aber das war bei vielen Bauern üblich."

Nach dem Pflichtjahr ging Johanne 1943 in die Schneiderlehre bei Frau Brahms in der 1. Südwieke in Rhauderfehn: „Das war eine strenge Meisterin, die ihre Lehrlinge aber alle gut durchbrachte." In der „Polenzeit" auf dem Fehn musste die Schneidermeisterin mit ihrer Werkstatt erst in die Schlafstube, dann in den (sauberen) Schweinestall umziehen, wo Johanne auch ihre Prüfung ablegte.

Hochzeitsgesellschaft am 1. Mai 1947

Bei Kriegsende war Johanne 17 Jahre alt. Ihren zukünftigen Mann lernte sie unmittelbar danach in der Turnabteilung bei Germania Holterfehn kennen: „Er war sehr sportlich, und wir waren eine fesche Damenriege", scherzt sie. Johann und Johanne heirateten mit Hilfe des Bürgermeisters am 1. Mai 1947, „und so war jeder Hochzeitstag ein Feiertag für uns." Johannes Eltern hatten einen Tag vor Heiligabend geheiratet, weil der Ehemann dann gerade auf Landurlaub kam.

Noch lange sollte die Ehe für beide eine harte Geduldsprobe sein. Johann fand als Schlosser bis 1953 keine Arbeit, die Eheleute wohnten zwölf Jahre bei Johannes Eltern im Königsweg. Im September 1947 wurde Sohn Egon geboren. „Wir erhielten 17,85 Mark Unterstützung in der Woche für drei Personen. Egon wurde allein durch Haferflocken kräftig. Um die Lebensmittel zu bezahlen, nähte ich Gardinen für das Geschäftshaus Flügge. Mein Mann bastelte Teedosen aus Messing." Im Jahr 1954 kam Tochter Ursula zur Welt.

Johanne Buß ca. 1950

Als nach dem zweiten Weltkrieg Care-Pakete nach Deutschland gelangten, dachte man in den USA auch an Holtermoor in Ostfriesland: Haukeline Meyerhoff, die Großmutter von Johanne Buß, hatte in den USA eine Cousine. „Tante Marie" schickte Briefe und Päckchen mit Tee, Kaffee, Süßigkeiten und auch mal Stoffen zum Nähen. Einige Briefe hat Johanne Buß aufbewahrt. Ein großes gemaltes Portrait der Großmutter Haukeline hängt heute in der Wohnstube in Ostrhauderfehn.

1958 bauten Johann und Johanne Buß selbst am Königsweg ein Haus. 1964 bekam der Königsweg eine Wasserleitung, erst 1995 wurde die Kanalisation gelegt. Johann Buß starb 1985, Johanne blieb im Königsweg noch bis 2004.

Arbeitsstelle im Krankenhaus 1971

Im Jahr 1971 schrieb sich Johanne Buß für einen Kurs als Schwesternhelferin ein und arbeitete nach bestandener Prüfung bis 1983 als Stationshelferin im Klinikum Leer. Viele ihrer Erlebnisse hat Johanne Buß auf Plattdeutsch aufgeschrieben. Ihre Erinnerungen an die Fehntjer Vergangenheit wurden mehrfach im General Anzeiger veröffentlicht und fanden großen Anklang.

Interview und Text: Detlef M. Plaisier

Portraitfoto: Stefan Wiemker

Johann Feldkamp | Jahrgang 1919 | Nortmoor

„Denn bün ik nu maal Snieder worden“

Johann Feldkamp mit sechs Jahren

Johann Feldkamp wurde am 21. Februar 1919 in Leer am Tjackleger Fährweg geboren und wuchs dort zunächst auf. Seine Mutter Martje geb. Oosterling war eine gebürtige Niederländerin aus Paesens-Moddergat in der Provinz Friesland. Nachdem ihr Mann Hinrich Geerd Feldkamp 1924 an einem Kriegsleiden starb, blieb sie als Kriegerwitwe mit vier Jungen allein zurück. 1930 zog die Familie in ein selbst erbautes Einfamilienhaus nach Leer-Loga. Johann

Feldkamps erste Erinnerung geht auf das Jahr 1927 zurück: „Da wollte meine Großmutter unbedingt zur Einweihung der Rathausbrücke in Leer, um Reichspräsident Paul von Hindenburg zu sehen. Damals gab es in Leer drei Autos. Graf von Wedel fuhr den hohen Gast durch Leer."

Nach dem Schulbesuch erlernte Johann Feldkamp den Beruf des Schneiders bei Schneidermeister Uebel in Leer. „Ich wäre ja lieber Zimmermann geworden. Aber Lehrstellen konnte man sich nicht aussuchen. Entweder man trat eine freie Lehrstelle an oder musste beim Bauern arbeiten. Denn bün ik nu maal Snieder worden." Meister Uebel nahm keine Lehrlinge aus der Stadt – aus gutem Grund: Er hatte einen großen Garten, und was darin zu tun war, mussten die Lehrlinge mit erledigen. „So habe ich zwei Jahre in der Werkstatt verbracht und zwei weitere Jahre in Haushalt und Garten."

Johann Feldkamp mit 16 Jahren

Johann Feldkamp 1940er-Jahre

1939 wurde Johann Feldkamp zum Arbeitsdienst einberufen, der nahtlos in den Kriegseinsatz bei der Flugabwehr überging. Er geriet in Frankreich in Kriegsgefangenschaft, verbrachte drei Monate in England und wurde dann per Schiff in die USA gebracht. Auf der Passage zur Entlassung 1946 wurde das Schiff per Funkspruch nach Liverpool umdirigiert. „Seattle – Panama – England", erinnert sich Johann Feldkamp, „da haben wir vier Jahreszeiten in 28 Tagen Fahrt erlebt. Bis zur Entlassung im Oktober 1947 musste ich dann noch in England arbeiten."

Inmitten des Krieges blieb Zeit für ein kleines Glück: Johann Feldkamp heirate am 29. September 1943 Gerta geb. Plaisier (Jahrgang 1920). „Ich musste für den Heimaturlaub viele Papiere zusammensuchen und auch meine arische Abstammung nachweisen. Und dann durfte ich plötzlich fahren. Morgens um sechs stand ich in Nortmoor vor der Tür mit der Ansage: In drei Tagen wird geheiratet!" Am Morgen nach der Trauung rodete Johann Feldkamp auf dem heimischen Acker schon wieder Kartoffeln, bevor es in den Fronteinsatz zurückging. Gerta und Johann hatten sich auf der Tanzdiele bei „Onkel Heini" in Logabirum kennengelernt: „Auf der einen Seite standen die Mädchen, auf der

Hochzeitsfoto Johann Feldkamp und Gerta, geb. Plaisier, 29.September 1943

anderen Seite die Jungs. Für den Einwurf von zehn Pfennig spielte die Orgel Tanzmusik.“ Gertas Mutter hatte zu Beginn Bedenken gegen die Verbindung mit Johann: „Wenn der Schneider ist, musst du dich im Garten um alles selbst kümmern, hatte sie gewarnt. Sie wusste ja nicht, dass ich melken und mähen konnte“, schmunzelt Johann Feldkamp. Gerta starb am 23. September 2014, am 71. Hochzeitstag.

Nortmoor blieb weitgehend von der Zerstörung des Kriegs verschont. In den letzten Kriegstagen kamen polnische und kanadische Truppen in die Gegend. Über diese Zeit spricht man bis heute nicht gerne. Im Oktober 1947 kehrte Johann Feldkamp aus der Gefangenschaft zurück und meldete sich zur Meisterprüfung im Schneiderhandwerk an. In der Gefangenschaft war er nicht aus der Übung gekommen: Kameraden fragten immer mal wieder nach Schneiderarbeiten. Johann Feldkamp tat, was möglich war. „Aber ganze Anzüge gingen nicht.“ Die Meisterprüfung wurde bis nach der Währungsreform im Juni 1948 hinausgezögert, damit die Anwärter gleich mit der neuen Mark die Prüfungsgebühren bezahlten.

Johann Feldkamp erinnert sich daran, dass direkt nach Kriegsende im Nortmoorer Haus ein Flüchtling aus Ostpreußen einquartiert war. „Da war das Haus noch nicht ausgebaut. Meine Schwiegereltern und meine Frau schliefen in ihren Butzen, für den Flüchtling wurde ein Bett in die Küche gestellt.“ Als Johann Feldkamp aus der Kriegsgefangenschaft entlassen werden sollte, wurde der Platz im Haus zu eng, der Gast wurde in der Nachbarschaft untergebracht.

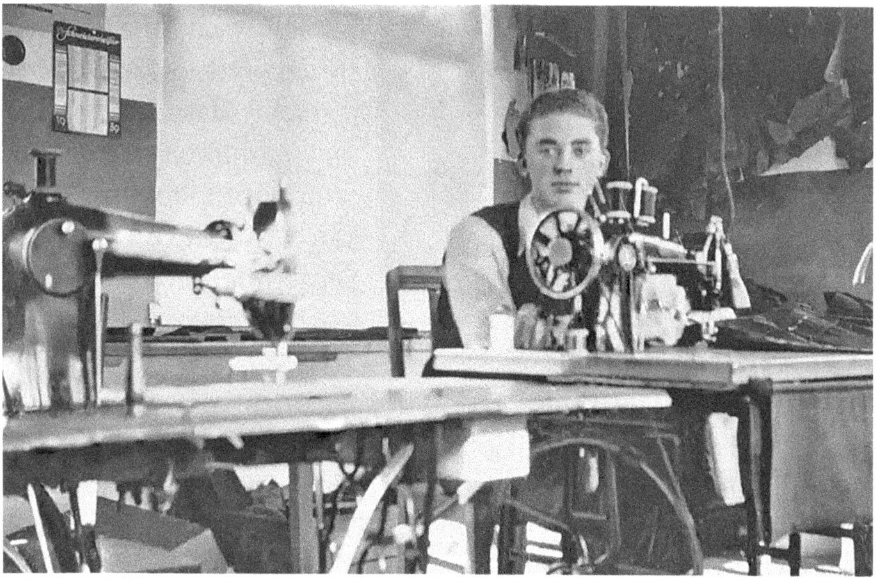

Johann Feldkamp in seiner Schneiderwerkstatt

Johann Feldkamp machte sich im Haus seiner Schwiegereltern Rudolph Plaisier und Meta geb. Behrends in Nortmoor als Schneidermeister selbständig. Bevorzugte Währung für Anschaffungen blieben zunächst Nahrungsmittel. „Unseren ersten Kinderwagen bekamen wir in Leer gegen 20 Pfund Speck und Butter“, erinnert sich Johann Feldkamp. „Durch unsere Nebenerwerbs-Landwirtschaft hatten wir immer genug zum Hamstern und Tauschen. Da kam schon mal jemand aus Hamburg mit Gummistiefeln oder Fahrradreifen und tauschte das an der Haustür ein.“ Was heute umstritten ist, war bis viele Jahre nach dem Krieg der Normalfall: Die Kühe waren den Winter über im Stall angebunden und konnten nur liegen und stehen. Dafür kamen sie im Sommer nach draußen und wurden erst nach acht bis zehn Jahren verkauft. Die Milch kam zur Molkerei nach Holtland, ein Teil wurde an Nachbarn direkt verkauft. Von der Molkerei gab es Milchgeld für das abgelieferte Kontingent sowie Käse und Butter zu vergünstigten Preisen zurück.

Zwölf Jahre arbeitete Johann Feldkamp in der eigenen Werkstatt. Die Kunden kamen bis von Leer zu ihm. „Ich habe oft vierzehn Stunden am Tag gearbeitet. Wenn Besuch kam, haben wir uns durch die geöffnete Küchentür unterhalten. Ich musste ja weiterarbeiten.“ Als der Pastor schnell einen Anzug brauchte, musste Johann Feldkamp einen Arbeitssonntag einlegen. „Für den Pastor war dann Feiertag, für mich nicht.“ Als die Fabrikfertigung qualitativ immer besser wurde, schloss Johann Feldkamp seine Werkstatt und ging 1961 als Arbeiter zu den Olympia-Werken in Leer. Mit der Werksschließung 1983 wurde er Rentner. Während der Berufstätigkeit blieb die Landwirtschaft in Nortmoor immer bestehen. Den Anbau von Gemüse im eigenen Garten hat Johann Feldkamp bis vor fünf Jahren fortgeführt.

Am 21. Februar 2019 feierte Johann Feldkamp seinen 100. Geburtstag. Wi graleren van Harten!

Interview und Text: Detlef M. Plaisier
Portraitfoto: Stefan Wiemker

Günther Graepel
Jahrgang 1924
Westrhauderfehn

„Der Fehntjer Markt hat seine Anziehungskraft verloren"

Die Namen der Familien Hagius und Graepel sind eng mit der Wirtschaftsgeschichte Westrhauderfehns verbunden. Günther Graepel hat 2009 die Entwicklung von Handel und Gewerbe im Untenende in einer Publikation zusammengefasst. Wir verabreden uns in der Teestube des Fehn- und Schiffahrtsmuseums, der „Villa Graepel", die Günther Graepels Großvater, Conrad Philipp Graepel, im Jahr 1902 erbauen ließ. Das Fehn hätte ohne die Verbindung der beiden Familien eine andere Entwicklung genommen.

Bis 1970 führte Günther Graepel mit seinem Neffen Gustav Graepel das Einzelhandelsgeschäft C.A.I. Hagius Sohn Ecke Rajen/1. Südwieke in Westrhauderfehn über die Ortsgrenzen hinweg bis zur

Einweihung der „Villa Graepel" im Jahr 1902. Ausschnitt aus einem Gemälde von Elena Root im Fehn- und Schiffahrtsmuseum Westrhauderfehn.

Aufgabe. 1971 wurde der Komplex abgebrochen, Gebäude und Grundstück wurden an die Sparkasse verkauft. Heute stehen dort das Rathaus und die Sparkasse.

Das Geschäft, ein Vorläufer späterer Kaufhäuser, war breit aufgestellt mit Lebensmittelabteilung, eigener Bäckerei, Eisen- und Manufakturabteilung mit Hutmacherei und Porzellanausstellung, einer Düngerwaren- und Kohlenabteilung sowie einer Landwirtschaft mit Weidewirtschaft und Milchabgabe aus eigenem Bestand. Die einzelnen Abteilungen hatte je einen Abteilungsleiter. Rund 25 Mitarbeiter standen auf der Lohnliste, von denen ein

Ausschnitt aus einem illustrierten Rechnungsbogen, etwa 1889.

Teil im Geschäft Kost und Logis hatte. Es war die Zeit, in der jeder Kunde im Geschäft noch einen persönlichen „Klöönsnack“ halten konnte. Im Jahr 1960 wurde auf Anraten der Firma Bünting in Leer die Lebensmittelabteilung durch den Bünting-Mitarbeiter Johann Janssen auf Selbstbedienung umgestellt.

Werbeanzeige C.A.I. Hagius Sohn

Günther Graepels Vater war nach einem Studium in Köln, einer Vertretertätigkeit für die Firma Maggi in Leipzig und der

Militärzeit im Ersten Weltkrieg seinem Heimatort treu geblieben. Seine Frau, gebürtig aus Kassel, lernte er kennen, als diese nach dem frühen Tod des ersten Ehemannes ihren Schwager in Rhauderfehn besuchte, der an der damaligen Mittelschule unterrichtete. Günther Graepel erinnert sich an seinen Vater: „Er war zeitweise Vorsitzender des Kriegervereins und führte das Büro im Haus am Untenende. Außerdem engagierte sich in der Feuerwehr, deren Ehrenmitglied er wurde, und leitete einige Jahre den Einzelhandelsverband Ostfriesland."

Geboren am Gedenktag der Reformation im Jahr 1924 im Turmzimmer der „Villa Graepel", trat Günther Graepel schon 1930 dem Sportverein bei. Ab 1931 besuchte er die heutige Sundermannschule. Dort lernte er zwei Jahre im Klassenverbund mit dem Holocaustopfer Albrecht Weinberg, dessen Familie auf der Südseite des Untenendes (heute Farben Oltmanns) wohnte. Nach Besuch der Mittelschule (heute leerstehende Reilschule) und der Oberschule in Leer sowie einem dreimonatigen Arbeitsdienst in Remels erhielt Günther Graepel 1942 das vorläufige Abgangszeugnis mit der Befugnis, nach Kriegsende studieren zu können.

Günther Graepel mit Schultüte 1931

Schon im Oktober 1942 erfolgte der Ruf zur Heeresflak in Delmenhorst. Günther Graepels Kompanie wurde einem Panzerregiment in Hamburg zugeteilt und in Marsch gesetzt. „Nach einem Kurzaufenthalt im französischen Rouen erreichten wir per Güterzug den Kurskbogen in Russland. Dort sollten die nach vorne drängenden russischen Einheiten aufgehalten werden. Doch die neuen Panzer erwiesen sich als zu schwerfällig. So kamen wir nach einigen Monaten Kampfeinsatz nach Bourges in Frankreich und danach in die Normandie, wo bereits die Alliierten gelandet waren." Auf dem Rückzug durch das Elsass, über den Rhein und Köln wurde Günter Graepel mit seinem Truppenteil bei Brilon im Sauerland von amerikanischen Soldaten in Empfang genommen.

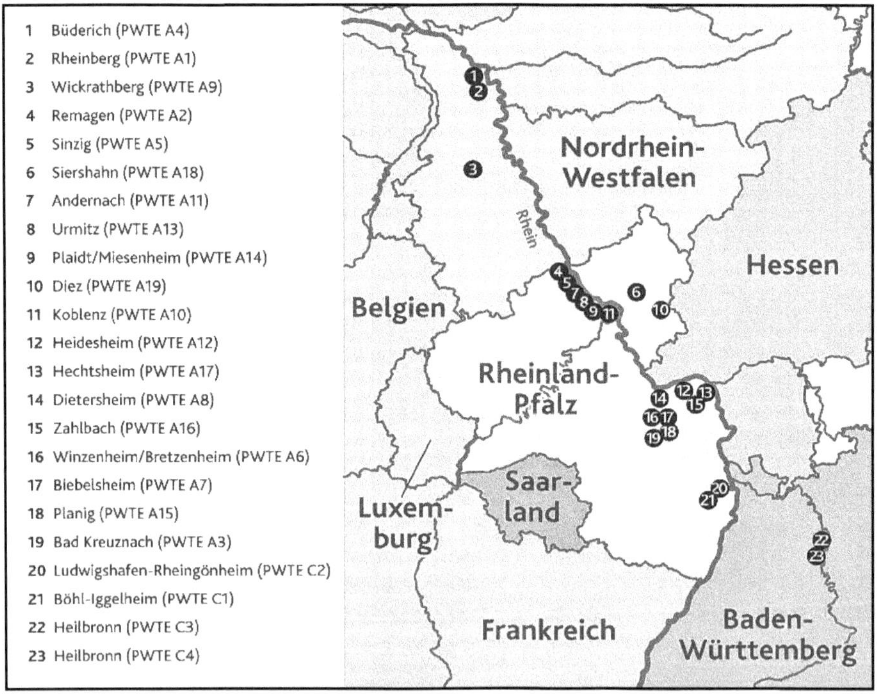

Karte der Rheinwiesenlager. Quelle: www.rheinwiesenlager.de

„Man brachte uns, stehend zusammengedrängt auf einem Lkw, auf die Rheinwiesen bei Remagen." Dort verbrachte Günther Graepel vier Monate unter unmenschlichen Bedingungen. „In einem geschaufelten Erdloch traf ich den Molkereibesitzer Walter Reinke aus Collinghorst und den Inhaber von Spielwaren Harms aus Leer." Im August 1945 durfte Günther Graepel nach Hause – überraschend, denn als Mitglied der HJ war er bis zum Jungzugführer aufgestiegen. Andere Mitgefangene mussten zum weiteren Arbeitseinsatz nach Frankreich.

Zu Hause – das war zunächst ohne Perspektive: Die Aufnahme eines Studiums war nicht möglich. Die britische Besatzungsmacht erkannte den vorläufigen Schulabschluss nicht an. Auch gab es keine Möglichkeit, einen anderen Beruf zu erlernen. Torfstuken war angesagt. Ende 1945 begann Günther Graepel eine Ausbildung in Eisenwaren und Haushaltsartikeln bei der Firma Schüt-Duis in Aurich. „Die Firma pflegte gute Beziehungen zur Militärregierung in Aurich", erinnert er sich. „Sie erwarb eine Zugmaschine mit Anhänger und die nötigen Benzingutscheine. So fuhren wir ins Ruhrgebiet und kauften bei den noch intakten Firmen, die ihren Betrieb wiederaufgenommen hatten, Ware ein. Natürlich mussten wir als Gegenleistung Kartoffeln, Butter oder Speck mitbringen." Damals konnte Günther Graepel noch nicht ahnen, dass diese Fahrten wertvolle Kontakte für seinen späteren Berufsweg mit sich brachten. Noch heute präsent ist eine Fahrt nach Aurich-Tannenhausen, wo Kartuschen ehemaliger Granaten aus den Bunkern mit Wurf von Hand zu Hand auf Lkw verladen und später zu Ofenrohren verarbeitet wurden.

1951 schrieb sich Günther Graepel nach bestandener Prüfung im Einzelhandel im ersten Lehrgang auf der Eisenwarenfachschule

Günther Graepel mit seiner Schwester beim Schöfeln. Aufnahme ca. 1940.

ein, die von Leipzig nach Wuppertal verlagert worden war. Danach kehrte er zur Unterstützung der Geschäftsführung seines Vaters zur Firma C.A.I. Hagius Sohn nach Westrhauderfehn zurück. Inzwischen war der alleinige Inhaber Cleis Graepel gestorben. Er war unverheiratet geblieben und hatte die Erbfolge nicht geregelt. Seine vier Geschwister gründeten eine Kommanditgesellschaft mit dem persönlich haftenden Geschäftsführer Conrad Graepel. 1962 übergab Conrad Graepel aus Altersgründen die Geschäftsführung an Günther Graepel und dessen Vetter Gustav. Zehn Jahre später kamen die Super- und Discountmärkte auf. „Es war abzusehen, dass eine Neuorientierung nötig würde, um konkurrenzfähig zu bleiben“, blickt Günter Graepel zurück. Eine Neuausrichtung scheiterte an den Kommanditisten, deren Zahl durch Erbfolge inzwischen auf zwölf angewachsen war. 1970 wurden Grundstück und Gebäude an die Kreis- und Stadtsparkasse Leer verkauft, die dann einen Teil an die Gemeinde Rhauderfehn zur Errichtung eines Verwaltungsgebäudes gab. Eine Ära, entstanden aus der friedlichen Heirat zweier konkurrierender Kaufmannsfamilien, war zu Ende gegangen.

Günther Graepel resignierte nicht. Weitere Stationen seines Arbeitslebens waren die Firma Logemann (früher Klopp) in Leer-Heisfelde, wo er als Vertreter für Eisen und Sanitärartikel arbeitete, die Ostfriesische Tee-Union und die Firma Bünting in Leer, die Combi Verbrauchermärkte, wo er die Verwaltung übernahm, die Sanitärabteilung im Baumarkt Wilts Leer und zuletzt der Einkauf der Firma Deilmann in Sedelsberg. 1987 ging Günther Graepel in Rente, ohne einen Tag Arbeitslosigkeit.

Mit Skepsis betrachtet Günther Graepel die Veränderungen auf dem Fehn. „Die Geschäftswelt hat sich in die Rhauderwieke verlagert, das Untenende hat gelitten. Dort gab es einmal drei Schlachtereien, vier Lebensmittelgeschäfte, vier Textilgeschäfte, zwei Gärtnereien, zwei Bäckereien, zwei Friseure, ein Fischgeschäft, eine Buchhandlung, Tabakwaren, Zeitschriften und drei Hotels, teilweise mit Kinovorführung darin." Bernt Strenge, Vorsitzender des Heimatvereins Overledingerland, erinnert sich an die Atmosphäre im Untenende der 1950er-Jahre: „Es war ein besonderes Erlebnis, in der Vorweihnachtszeit sonntags in der Abenddämmerung über das Untenende zu gehen. Eine Auslage war schöner geschmückt als die andere. Modelleisenbahnen kreisten im Schaufenster von C.A.I. Hagius Sohn. Ich habe mir die Nase plattgedrückt."

Das Untenende bedeutet für Günter Graepel auch Rückblick auf 70 Jahre Tennisspiel, das er auf dem Privatplatz im Garten von Apotheker Folkert Sarrazin am Untenende 17 begann. „Damit die Pflege leichter war, wurden nur Betonplatten verlegt." Zusammen mit Jörg Furch, dem ehemaligen (und einzigen) Gemeindedirektor von Rhauderfehn, gründete Günther Graepel später die Tennisabteilung von TuRa 07 Westrhauderfehn.

Auch Bilder vom Fehntjer Markt sind bei Günther Graepel noch präsent; Bilder aus jener Zeit, als Meyers Karussell noch von Pferden gezogen wurde und Frau Meyer mit einer großen Ledertasche das Fahrgeld kassierte. „Vor dem Verlaatshus gab es rollende Tonnen, eine Schiffsschaukel und ein Riesenrad. Mit dem Umzug des Fehntjer Marktes zum Marktplatz kamen die modernen Verkaufswagen." War es früher schöner mit Buden und Plastikplanen? „Geselliger. Es ist heute nichts Besonderes mehr. Der Fehntjer Markt hat seine Anziehungskraft von früher verloren."

Und da ist noch die Verbindung von Günther Graepel und seiner Frau Karla zu Amerika. Im Jahr 1974 kam ein Campingbus aus dem US-Bundesstaat Washington nach Westrhauderfehn. Mutter und Sohn hatten die Nacht zuvor auf dem Campingplatz in Elisabethfehn übernachtet. Vorfahren von Günther Graepel waren in die USA ausgewandert, und die Nachfahren wollten nun die Verwandtschaft in good old Germany kennenlernen. Sie blieben nur ein paar Stunden und wollten schnell weiter. Ein weiterer Verwandter aus den USA kam nach Deutschland, um sich hier einen Volkswagen zu kaufen und zu verschiffen, was trotz der Transportkosten preiswerter war als ein Direktkauf in den USA. Günther Graepel und seine Frau Karla statteten in Etappen dann Gegenbesuche in den USA ab. 2016 kam ein Besucher aus Chicago. Er hatte in Hatzhausen in der Gemeinde Moormerland nach dem Grab von Käthe Schoon gesucht, die aber in Ostrhauderfehn beerdigt ist. Die Mutter des Mannes hatte im Internet recherchiert, dass innerhalb ihrer Familie Vorfahren mit vier Kindern nach Amerika ausgewandert waren. Durch Zufall erfuhr der Besucher von der Küsterin in Hatzhausen von der Familie Graepel-Schoon in Westrhauderfehn. Rolf Börcherts Schoon, das fünfte Kind, war in Deutschland geblieben und hatte 1894 Catharina Johanna Kramer, die spätere Großmutter von Karla Graepel, geheiratet. Nach der Geburt von Diedrich Bernhard Schoon, Karla Graepels Vater, im Jahr 1895 fuhr er wieder zur See und blieb verschollen.

PS: Im Turmzimmer der Villa Graepel, dem Geburtszimmer von Günter Graepel, steht heute mein Schreibtisch als Mitarbeiter des Fehn- und Schiffahrtsmuseums. Das ist mir eine besondere Verpflichtung.

Interview: Bernt Strenge mit Detlef M. Plaisier
Text: Detlef M. Plaisier
Portraitfoto: Stefan Wiemker

Karin Grimpe
Jahrgang 1937
Westoverledingen-Ihren

„Freiheit eröffnet mir neue Welten"

Sie begehrt auf, wo sie Ungerechtigkeit spürt. Sie streitet leidenschaftlich, vermittelt und gleicht aus. Für das Zusammenleben in Westoverledingen hat Karin Grimpe bleibende Maßstäbe gesetzt. Die Würdigung einer Frau, die das Etikett „starke Frau" nicht braucht.

Karin Grimpe und die Neuen Medien – das sind zwei Welten. Zu Hause in Ihren klappert die Schreibmaschine, auf dem Tisch liegen handschriftliche Notizen. Mehrere Themen wollen noch bearbeitet werden, man wartet auf Karin Grimpes Expertise. Ende der 1950er-Jahre begann mit der Arbeit in der Gewerkschaftsjugend ihr politisches und gesellschaftliches Engagement. Parallel sang Karin Grimpe in einem Jugendchor, Konzertreisen führten

Chor der Gewerkschaftsjugend Lübeck bei einem Konzert in Recklinghausen August 1958

sie in Vergnügungsparks nach Norwegen und Schweden. „Singen und Denken – eine großartige Verbindung!", meint Karin Grimpe rückblickend.

Karin Grimpe und die Politik – das ist eine Verbindung fürs Leben. Schülerin Karin trug nach der letzten Schulstunde die Mitgliederzeitung der SPD aus, um das Schulgeld für die Mittelschule in Lütjenburg zu finanzieren. Die Eltern waren beide im SPD-Ortsverein Darry / Kreis Plön aktiv. „Da wohnte in jedem Haus ein Sozialdemokrat, und Politik war bei uns Tagesgespräch."

Familienbild 1947

In der Heimvolkshochschule Hustedt bildete sich Karin Grimpe politisch weiter. Nach der Mittelschule besuchte sie die Höhere Handelsschule, weil es in Lütjenburg für sie keinen Ausbildungsplatz gab. Durch eine Meningitis-Erkrankung im Alter von 18 Jahren und eine Behandlung in der Uniklinik Kiel wurde der weitere Berufsweg zunächst für 15 Monate gestoppt. Eine anschließende Ausbildung in Lübeck zur Stenokontoristin stellte Karin Grimpe nicht zufrieden. Die Seminare in Hustedt zeigten Wirkung: „Ich spürte die Neugier und den Drang, politisch aktiv zu werden.“ So hängte Karin Grimpe kurzerhand noch einen fünfmonatigen Intensivkurs dran mit schwerer Kost: Politik, Wirtschaft, Lebenskunde und Technik der geistigen Arbeit. An den Wochenenden kam Helmut von Hannover aus zu Besuch. Den Lehramts-Studenten hatte Karin Grimpe in Hustedt kennengelernt. Er reiste mit dem Fahrrad an – einfache Strecke: rund 50 Kilometer.

Bei Feinkost Appel in Hannover fand Karin Grimpe eine Anstellung. Sie schrieb Frachtbriefe für die Lieferungen der Firma nach Hamburg. Karin Grimpe erinnert sich an ihre Eindrücke von der Produktion: „Einige Frauen waren speziell dafür eingesetzt, um Eier zu knacken. Die Eiweiße brauchte man in Konditoreien für die Torten, die Eigelbe nahm man für Fischpasten. Außerdem wurde Senf produziert.“ Den Elan der Schulungen aus Hustedt wollte Karin Grimpe gleich umsetzen und bewarb sich als Frauenbeauftragte der Gewerkschaft NGG. Doch sie scheiterte, was sie heute nachvollziehen kann: „Ich war mit 22 noch zu jung und unerfahren.“

Dann wurde das junge Glück mit Helmut in Hannover unerwartet vor eine Herausforderung gestellt. Der junge Lehrer wurde

Schule Steenfelderfehn 1950
Quelle: Ostfriesisches Schulmuseum Folmhusen

an die einklassige Volksschule in Steenfelderfehn ausgelost: eine Schulklasse, ein riesiges Wohnhaus direkt daneben. „Das war so richtig einsam für Helmut. Da halfen nur Heirat und ein Umzug nach Ostfriesland", erinnert sich Karin Grimpe. „Damals empfanden wir das als romantisch. Wir konnten gemeinsam bis fünf vor acht Kaffee trinken, um acht begann ein paar Schritte weiter der Unterricht. Die Bevölkerung hat uns als Ehepaar hochgeschätzt. Schließlich waren wir als junge Leute am Beginn unseres Berufslebens von der Metropole Hannover aufs Dorf gekommen." Im Schulhaus wurde das Regenwasser aufgefangen. Es gab einen Waschkessel ohne Wasseranschluss und eine Pumpe in der Küche. Ein Herd fehlte. „Ich kochte das Essen auf zwei Platten, die ich vom Steenfelder Bürgermeister geschenkt bekommen hatte. Helmut hatte uns Betten gebaut, die fertig waren, als ich einzog. Wir hatten Fahrräder und kauften in einem Laden an der Ecke zu

Völlenerfehn ein. Ein Päckchen Schwarzbrot kostete 29 Pfennig. Es war ein schönes, friedliches Leben trotz unseres kleinen Einkommens, denn ich hatte ja keine eigene Arbeit."

1963 brachte Karin Grimpe in Papenburg das erste gemeinsame Kind zur Welt. Tochter Jutta wurde behindert mit einem Schluckspasmus geboren. Karin Grimpe erinnert sich an die schwere, intensive Zeit: „Am Anfang bemerkten wir die Behinderung nicht, wir hatten ja keine Erfahrung. Man sagte uns, das Kind könne nur Breinahrung zu sich nehmen. Ich lernte Krankengymnastik und war mit der Hilfe von Ärzten rund um die Uhr damit beschäftigt, unser schwerstbehindertes Kind zu versorgen. Nachmittags hat mich Helmut entlastet. Wir kauften einen Kombi, und Helmut baute ein Reisebett." Im Alter von sieben Jahren verstarb Jutta an den Folgen der Hongkong-Grippe. Bei ihrem Tod war der gemeinsame Sohn Manfred vier Jahre alt. „Ich hatte also genug zu tun, und er hat mich über den Verlust getragen." Bald kam noch Sohn Harald dazu. Trotz aller Belastung schaffte es die kleine Familie, zusammen Urlaub zu verbringen, zuerst mit dem Fahrrad, später mit dem umgebauten Kombi. „Mein Mann war immer sehr hilfsbereit und tolerant", blickt Karin Grimpe zurück. „Ich flog sogar allein in Urlaub nach Mallorca, er versorgte unsere behinderte Tochter und den kleinen Manfred allein. Im September 1975 gebar ich mit Freude und Dankbarkeit unsere Zwillinge Barbara und Gudrun."

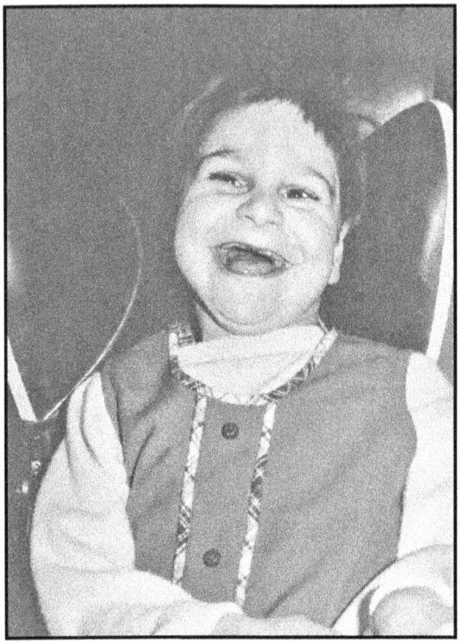

Die Geburten der Kinder gaben Karin Grimpe einen Blick nach innen frei, sie wirkten wie ein befreiender Impuls. Karin Grimpe schrieb sich an der Volkshochschule Leer für eine dreijährige Ausbildung zur Hauswirtschaftsmeisterin ein. Besonders in Erinnerung geblieben ist ihr dabei der Lehrer für Wirtschaft und Politik: „Er unterrichtete nur für mich und eine weitere Teilnehmerin, eine CDU-Frau aus Weener. Die anderen Frauen waren nicht interessiert. Diese beiden Fächer waren für mich die rettende Insel im gesamten Lehrplan." Im letzten Ausbildungsjahr musste Karin Grimpe eine Auszubildende mit in den Unterricht bringen, die dann gemeinsam mit ihr die Prüfung ablegte. Ein Nachbarskind übernahm die Aufgabe. „Wir sollten nach drei Jahren in der Lage sein, auch selbst auszubilden" – was Karin Grimpe dann auch tat: Nach bestandener Prüfung („schlecht und recht - ich habe gelernt, einen Reißverschluss zu nähen und wie man auf Zeit kocht") beschäftigte sie vier Frauen bei sich im Haushalt als Auszubildende. „Und da war ich wieder frei."

Freiheit – das ist für Karin Grimpe eines der Schlüsselwörter und zugleich Leitlinie ihres Lebens. „Freiheit eröffnet mir neue Welten über die eigenen vier Wände hinaus. Freiheit bedeutet: Weggehen an einen anderen Ort, mit anderen Menschen reden und auch streiten. Ich hatte immer das Bestreben, mehr zu wissen und mehr zu hören. In meiner Ehe habe ich mindestens eine Fortbildung im Jahr besucht. Und ich habe dabei immer Menschen mitgenommen, meistens Frauen."

Karin Grimpes Engagement hat Spuren in Gremien und Initiativen hinterlassen. Sie ist Mitbegründerin des SPD-Ortsvereins Ihren, war dort Schriftführerin und einzige Frau im Vorstand, eine Zeitlang auch Vorsitzende. 20 Jahre arbeitete Karin Grimpe im

Ortsrat Ihren und im Gemeinderat Westoverledingen mit. „Mein Bestreben war es immer, andere Frauen für ein Engagement zu gewinnen.“ So entstand die überparteiliche Agendagruppe „Soziale Zusammenarbeit“ mit sozial engagierten Menschen aus unterschiedlichen Wohnverhältnissen und sozialen Strukturen bis nach Collinghorst, „eine bunte Gesellschaft, die erst einmal Toleranz untereinander einüben musste. Am Anfang haben wir, Männer und Frauen, nur Tee miteinander getrunken. Wir konnten im Jugendhaus Großwolderfeld tagen. Da trafen sich schon andere Gruppen, unter anderem bildete sich da ein Jugendausschuss, den wir als Gruppe in der ersten Phase mit unterstützt haben. Leider hatte das keinen langen Bestand, weil die jungen Leute immer wieder wegzogen. In der Teestuv im Jugendzentrum hatten wir dann eine Küche und eine Toilette. Es war ungeheuer wichtig, dass wir räumlich selbständig waren.“ Die Agendagruppe besuchte Hospize und die Tafel, informierte sich auf Bauernhöfen und bei einer Ernährungsberatung und besuchte als Kleingruppe Seminare zu sozialen Themen. Reisen führten unter anderem nach Hannover und Berlin. So organisierte Karin Grimpe über 20 Jahre hinweg jedes Jahr im Ehrenamt zehn Veranstaltungen.

Mit der Gebietsreform 1978 wurde Westoverledingen durch den Zusammenschluss mehrerer Gemeinden zu einer Einheitsgemeinde. Karin Grimpe kam bei der ersten Wahl für die SPD in den Rat. Sie erinnert sich an ihr Gefühl bei der konstituierenden Sitzung: „Ich war die einzige Frau unter männlichen Ratsmitgliedern. Der Gemeindedirektor war männlich, der ehrenamtliche Bürgermeister auch. Wir tagten in der Gastwirtschaft: ein Wirt mit einer männlichen Bedienung. Ich saß in der Runde, legte meine Hände an meinen karierten Rock und war sehr befangen wegen der männlichen Dominanz.“

Noch einmal entschloss sich Karin Grimpe zu einer neuen beruflichen Erfahrung: Nach dreijähriger Ausbildung zur Heilerziehungspflegerin arbeitete sie zuerst in der Tagesstätte der Lebenshilfe in Leer und später in mehreren Einrichtungen der Altenpflege im Landkreis. Im weiteren Verlauf der Ratsarbeit in Westoverledingen übernahm Karin Grimpe den Vorsitz im Ausschuss für Jugend, Senioren und Soziales. Die Leitung der Agendagruppe hat sie im Jahr 2018 abgegeben. Die neue Leiterin sei 20 Jahre jünger als sie und komme auch mit dem Computer besser zurecht. Inzwischen sei sie auch nicht mehr so kämpferisch, meint Karin Grimpe. Was sie aber nicht davon abhielt, noch vor einigen Jahren in Ihren solidarisch die Einrichtung eines Kindergartens durchzusetzen – gegen den Willen des damaligen Gemeindedirektors und des Pastors.

Karin Grimpe steht für eine positive Wahrnehmung des eigenen Lebens. Sie hat das Thema „Frauen in der Politik" maßgeblich beeinflusst. Andere Frauen nehmen Karin Grimpe wahr als Mittlerin, die neugierig ist und Grenzen für sich und andere immer wieder neu auslotet. Karin Grimpe hat die Gabe, Menschen den Blick für Toleranz zu weiten. „Ich habe immer versucht, einen sozialen Ausgleich der Interessen in der Gesellschaft und im persönlichen Alltag zu erreichen. Aber das geht nur, wenn man miteinander redet." Menschen in Westoverledingen sind Karin Grimpe dafür dankbar.

Interview: Monika Fricke
Text: Detlef M. Plaisier
Portraitfoto: Stefan Wiemker

Ewald Groenhoff | Jahrgang 1931 | Weener

„Ich war 48 Jahre mit der EWE verheiratet"

Ewald Groenhoff zieht eine schlichte Bilanz seines Arbeitslebens: „Ich bin immer dahingegangen, wo man mich hingestellt hat. Ich habe viel gearbeitet, auch sonntags. Man kann sagen, ich war 48 Jahre mit der EWE verheiratet."

Als Ewald Groenhoff im März 1946 die achtklassige Volksschule in Loga verließ, war ein Schuljahr durch die Kriegsereignisse verloren gegangen. „Wir waren etwa 35 Schüler in der Klasse", erinnert sich Ewald Groenhoff. „In den letzten Kriegsmonaten kurvten die Bombergeschwader fast täglich über uns. Am Anfang konnten wir noch in das Waldstück Im Möörken gehen, danach mussten wir in den Luftschutzkeller. Der war aber nichts anderes als der Keller bei Bauer Schulte." In den letzten Kriegsjahren sammelten die Schüler in Logaerfeld Schafgarbe für die Soldaten. „Der ganze Schulboden war zum Trocknen ausgelegt. Die getrockneten Blätter wurden dann in Säcke gefüllt. Daraus wurden Tee und Arznei für die Soldaten im Feld hergestellt." Schafgarbe half bei der Wundheilung, das Kauen auf Brombeerblättern stärkte das Zahnfleisch und half als Hausmittel bei Durchfallerkrankungen. Am Nachmittag blieb ausreichend Spiel zum Spielen. „Wir hatten wenig Spielzeug, rollten Fahrradreifen und spielten Soldat. Aus Holz wurden Schwerter und Gewehre geschnitzt. Geländespiele waren für uns normal, wir waren ja so erzogen worden."

Weil die Lehrstellen für seinen Wunschberuf Elektriker knapp waren, lernte Ewald Groenhoff ab 1946 drei Jahre bei der EWE. Er ging anfangs zu Fuß von Loga zur Ausbildungsstelle im Gaswerk Leer, später schwang er sich auf das Fahrrad. Der erste Ausbildungstag ist fest in seiner Erinnerung: Der Meister gab mir ein Stück Eisen, und ich musste daraus einen Vierkant feilen." Der Meister war zufrieden. Vor der Währungsreform im Juni 1948 war auch die EWE in das System des Schwarzmarktes eingebunden. „Wir fertigten in der Werkstatt Maschinen, um Tabak zu drehen und zu schneiden. 1948 begleitete ich einen Lastwagen der EWE voll beladen mit Koks auf einen Bauernhof in die Krummhörn. Wir lieferten den Koks ab und bekamen dafür eine Wagenladung Buskohl (Weißkohl; Anm. des Autors). Natürlich achteten wir darauf, erst in der Dunkelheit wieder auf den Hof der EWE zu fahren. Am nächsten Morgen konnten sich die Bediensteten Weißkohl vom Laster holen."

Lagerplatz der EWE für Masten 1951

Nach der erfolgreichen Gesellenprüfung 1949 konnte Ewald Groenhoff noch ein Jahr bei der EWE bleiben und bildete sich danach in Kursen und bei Fremdfirmen fort, die für die EWE arbeiteten. „Wir bauten das Netz wieder auf", sagt er und holt Bilder hervor. „Während des Krieges waren die Kupferdrähte ja alle abmontiert worden. Unsere Kolonnen zogen neue Aluminiumleitungen." Als die EWE wieder bei Ewald Groenhoff anklopfte, wurde er kurz in der Bezirksmeisterei Papenburg eingesetzt und kam dann von 1952 bis 1959 in die neu erbaute Bezirksmeisterei gegenüber der Molkerei

Am Gasometer Leer 1952

in Holtland. „Auch da war noch alles primitiv. Wir mussten uns mit Fahrrädern begnügen, und die waren immer mit Material voll bepackt.“ Von Januar bis Juli 1958 besuchte Ewald Groenhoff die Bundesfach-Lehranstalt für das Elektro-Handwerk in Oldenburg, wo er die Meisterprüfung ablegte. Im folgenden Jahr wies ihm die EWE die Stelle des Bezirksmeisters in der Bezirksmeisterei Rheiderland-Nord in Bingum zu. „Weil die dazugehörige Wohnung besetzt werden musste, habe ich 1959 auch gleich geheiratet.“ Zwei Kinder folgten 1962 und 1968.

Im Schalthaus Bingum 1960

In Bingum gab es viel zu tun. „Die Versorgung des Rheiderlandes erfolgte nur über Freileitungen mit 75 Meter hohen Masten, und die Leitungen waren sehr störungsanfällig.“ Im Versorgungsgebiet Rheiderland lagen auch elf Ziegeleien und sechs Molkereien als Großabnehmer der EWE. Bei denen kam die EWE monatlich direkt zum Ablesen, in den Privathaushalten gingen Ableser herum. Ewald Groenhoff schmunzelt bei der Erinnerung: „In den Ziegeleien war im Oktober Saisonschluss. Da musste ich möglichst schon morgens zum Ablesen kommen. Nachmittags hatte man schon einiges getrunken.“

Mit der Zusammenlegung der beiden EWE-Bezirksmeistereien Rheiderland-Nord und Süd im Jahr 1972 übernahm Ewald Groenhoff die Leitung für zwei Jahre. Nach Fertigstellung des neuen Meistereigebäudes in Weener 1974 fand er dort seinen letzten Aufgabenbereich bis zur Rente 1994. Die Dimensionen waren gewaltig: Zum Bereich der Bezirksmeisterei gehörten 247 Transformatoren-Stationen, knapp 300 Kilometer 20kV-Leitungen (Hochspannungsleitung mit 20.000 Volt; Anm. des Autors), 735 Kilometer Niederspannungsleitungen und über 10.000 Hausanschlüsse. In Weener waren zehn Mann Personal stationiert, dazu kamen die Arbeiter der Fremdfirmen. „Das war die hohe Zeit der Verkabelung. Da standen dann schon mal sechs Lastzüge beladen mit 20kV-Kabeln auf dem Platz."

Sturmschaden an einer Freileitung

Besondere Ereignisse des Berufslebens haben sich bei Ewald Groenhoff tief eingegraben. „Bei der Sturmflut im Februar 1962 war es in unserem Haus direkt am Deich in Bingum ganz schön kritisch. Meine Frau war schwanger und konnte nicht nach Leer ins Krankenhaus." Im November 1972 fegte der Orkan „Quimburga" über den Norden. Bäume stürzten um und rissen die Freileitungen herunter. Eine besondere Herausforderung war die Schneekatastrophe im Winter 1978/79. „Der Eisregen sammelte sich auf den Freileitungen. Wir mussten uns durch die Schneemassen kämpfen, denn selbst die kleinsten Bauerndörfer wollten ja mit Strom für die elektrischen Melkmaschinen versorgt werden."

Mit Eintritt in die Rente 1994 erwarb Ewald Groenhoff ein Haus in Weener. Dort hatte er sich längst eingelebt: „Als ich 1974 hierherkam, musste ich erstmal unter Leute. Also ging ich in Vereine: Turnen, dann Kegeln, schließlich Singen." Dem Chor gehört Ewald Groenhoff inzwischen 40 Jahre an. Konzertreisen führten ihn zweimal nach Kanada bis in die Rocky Mountains und zu den Niagarafällen.

Durch 48 Berufsjahre bei der EWE und fast 90 Lebensjahre zieht sich bei Ewald Groenhoff ein roter Faden der Bodenständigkeit. Mehreren Abwerbeversuchen bei der EWE hat er widerstanden. Noch heute zahlt er in die „Freud und Leid-Kasse" der EWE ein und unterstützt so aktive Mitarbeiter und Pensionäre. Ewald Groenhoff fotografiert sein Rheiderland und hält Eindrücke in Ölgemälden fest. Sein Lieblingsort ist in Pogum auf dem Deich. „Ich brauche keine weiten Reisen und keine High Society. Die Weite der Heimat reicht mir aus."

Interview: Frank Schüür
Text: Detlef M. Plaisier
Portraitfoto: Stefan Wiemker

Adele Hetzke
Jahrgang 1932
Mühle Jemgum

„Ich bleibe in der alten City von Jemgum"

Seit 1632 ist die Familie Müller dem Müllerhandwerk verbunden. Der Stammbaum liegt gut verwahrt bei Adele Hetzke geb. Müller im Müllerhaus Jemgum. Wie sehr das Wohlergehen einer Familie vom Drehen der Mühlenflügel abhängig ist, hat Adele Hetzke aufgeschrieben.

Ich wurde im Januar 1932 in der Mühle in Backemoor geboren. 1935 zogen meine Eltern mit mir auf einen Bauernhof in Folmhusen. 1936 wurde mein Bruder Annäus geboren, 1937 kam meine Schwester Schwanhilde dazu. Mein Opa Johannes holte mich öfter für einige Tage zu sich. Wir gingen dann immer den Weg von Folmhusen zur Mühle in Backemoor zu Fuß.

Mit Vater Roelf Müller im Mühlengarten. Aufnahme 1933.

Schule Folmhusen 1933. Quelle: Ostfriesisches Schulmuseum

1938 wurde ich in die einklassige Grundschule in Folmhusen bei Lehrer Roskam eingeschult. Heute befindet sich in dem Gebäude das Ostfriesische Schulmuseum.

Schon bald nach Kriegsbeginn 1939 wurde mein Vater einberufen. Meine Mutter führte bis Kriegsende den landwirtschaftlichen Betrieb mit Kriegsgefangenen aus Polen und Frankreich weiter. Die Männer schliefen nachts im Lager in Ihrhove. Es war streng verboten, dass sie mit uns gemeinsam am Tisch die Mahlzeiten einnahmen. Das wurde auch bei Besuchen von Wachmännern kontrolliert.

Mühle Backemoor vor 1975. Quelle: www.geschichte-overledingen.de

In Backemoor hatte sich der Pächter der Mühle inzwischen zurückgezogen. Für meine Großeltern war es selbstverständlich, wieder ins Müllerhaus zu ziehen. Gerade in der Kriegszeit war es wichtig, dass in der Mühle Getreide verarbeitet wurde, damit Mensch und Tier versorgt waren.

Nach dem vierten Schuljahr wechselte ich zum Mädchengymnasium nach Leer. Da unser Schulgebäude als Lazarett genutzt wurde, fand der Unterricht im Ubbo-Emmius-Gymnasium statt. Um zur Schule zu gelangen, fuhr ich zunächst mit dem Fahrrad nach Ihrhove und dann weiter mit dem Zug nach Leer. Der Unterricht wurde oft durch Fliegeralarm unterbrochen. Das fanden wir natürlich großartig, wenn Klassenarbeiten anstanden. Im Sommer war unterrichtsfrei, da mussten wir zum Ernteeinsatz ins Rheiderland. Morgens fuhren dann mehrere Schulklassen gemeinsam mit der Bahn nach Bunde. Dort wurden wir von den Bauern abgeholt. Wir pflückten Erbsen und Bohnen auf den Feldern und waren nachmittags gegen vier Uhr zurück in Leer.

Im April 1945 kamen die Kampfhandlungen bedrohlich nahe. Wir wohnten direkt an der Hauptverkehrsstraße. Mein Vater hatte uns Ratschläge gegeben, was in diesem Fall zu tun wäre. So ließen wir unsere Tiere auf der Weide zurück und fuhren mit dem Pferdegespann etwa zehn Kilometer zu Bekannten ins Moor. Als wir nach mehreren Tagen zurückkehrten, bot sich uns ein Bild des Chaos: Das Stallgebäude war abgebrannt, in der Wohnung hatten die Soldaten den Küchenschrank umgelegt. An Blutspuren und Knochenresten konnten wir erkennen, dass auf dem Schrank Tierkörper zerlegt worden waren. Die Glasscheiben der Schränke waren zerschlagen worden, Geschirr fehlte.

In Backemoor sah es noch schlimmer aus: Meine Großmutter war verwundet worden. Als sie im Krankenwagen nach Papenburg gefahren wurde, sah sie, dass die Scheune brannte. Das gesamte Anwesen in Backemoor, Mühle und Gebäude, wurde von der deutschen Wehrmacht von Loga aus beschossen und vernichtet.

Mit Kriegsende wurden viele deutsche Soldaten nördlich des Ems-Jade-Kanals interniert. Mein Vater meldete sich bald aus dem Raum Varel. Er wollte schnell alles wiederaufbauen. So fuhr ich mit der Kutsche, zusammen mit einer Nachbarin und Opa Johannes, zu meinem Vater. Vater und Großvater berieten sich sehr lange. Mein Vater war schon zu etlichen verlassenen Mühlen geradelt, um dort eventuell Material für einen Wiederaufbau zu bekommen. Von der Bockhorner Mühle wurde bald viel in Backemoor gebraucht, und auch in der Scheune in Folmhusen erkennt man gut das alte Mühlenholz.

Im Elternhaus meiner Mutter in Breinermoor wohnte die Schwester meiner Mutter allein, denn ihr Bruder war im Krieg in Russland gefallen. Im Herbst 1945 brachten wir dort auf dem Hof unsere Tiere unter, im Wohnhaus waren wir herzlich willkommen. Von dort aus musste ich nun mit dem Fahrrad zur Schule fahren. Im ersten Winter durfte ich bei den Kusinen meines Vaters in Loga wohnen. Nach der Mittleren Reife wechselte ich auf die Höhere Handelsschule in Emden. Von meinem Quartier aus legte ich jeden Tag einen weiten Schulweg durch die zerbombte Stadtmitte zurück.

Meine schulische Ausbildung beendete ich 1950/51 in Hameln auf der Landfrauenschule. Genau 30 Jahre zuvor war meine Mutter ein Jahr auf dieser Schule gewesen. Sie hatte mir viel davon berichtet. Ich verbrachte in Hameln ein lehrreiches Jahr mit 35 Mitschülerinnen aus ganz Niedersachsen. Mein anschließendes hauswirtschaftliches Jahr verbrachte ich auf dem Hof der Familie Göhrs in Laatzen bei Hannover. Als ich im Jahr 2000 die Weltausstellung EXPO besuchte, war von den Feldern, auf denen ich Rüben gehackt hatte, nichts mehr zu sehen. Nach dem Jahr in Laatzen arbeitete ich bis 1955 im elterlichen Betrieb. Die Büroarbeiten erledigte ich gerne, ich machte den Führerschein. Bei Hausarbeit und Arbeit im Stall verstrich die Zeit schnell.

Mein späterer Mann Knut Hetzke kam im Dezember 1946 mit seiner Familie als Heimatvertriebener aus Pommern in Backemoor an. Er trat seine Müllerlehre 1948 in der neuen Mühle meines Vaters an und besuchte 1952/53 die Deutsche Müllerschule in Braunschweig. Auf den Festen an der Müllerschule tanzte ich gerne, aber die Liebe ließ noch etwas auf sich warten. Als junger Müllermeister arbeitete Knut in einigen Feinmühlen. Im Mai 1955 stand dann die Windmühle der altansässigen Familie Ahten in Jemgum zum Verkauf. Mein Großvater Johannes, inzwischen 75 Jahre alt, lud mich zu einer Radtour nach Jemgum ein und fragte mich, ob ich in dieser Mühle wohl leben wolle. Natürlich war ich begeistert. So fuhr Knut am 2. Juni 1955 mit einem gummibereiften Wagen und Pferd Max nach Jemgum und eröffnete dort seinen Landhandel. Ich machte das Wohnhaus schön. Am 25. November 1955 heirateten wir in der Kirche Backemoor.

Für mich gab es viel zu erledigen: Knut sprach noch nicht fließend Plattdeutsch, so waren die meisten Telefonate und der Ladenverkauf meine Aufgabe. Dazu kam die Buchhaltung. Der Haushalt, ein großer Garten sowie Geflügel und Schweine wollten versorgt werden. Knut hatte zwei Mitarbeiter von Herrn Ahten übernom-

Mit Ehemann Knut auf der BMW

men. Er fuhr mit dem BMW-Motorrad zur Kundschaft, kaufte einen Unimog mit Anhänger und begann mit Renovierungsarbeiten an der Mühle.

Anfang Juli 1957 fuhren die Männer ins Moor nach Westrhauderfehn, um Torf für die Öfen zu holen. Währenddessen wurden wir in Jemgum von einem Gewitter überrascht. Mein Nachbar rief an: Die Mühlenflügel drehen sich! Ich war hilflos. Ein Mühlenflügel und die Windrose krachten in die Tiefe. Knut kam ahnungslos erst Stunden später zurück. In den weiteren Jahren wurden immer wieder Reparaturen an der Mühle notwendig,

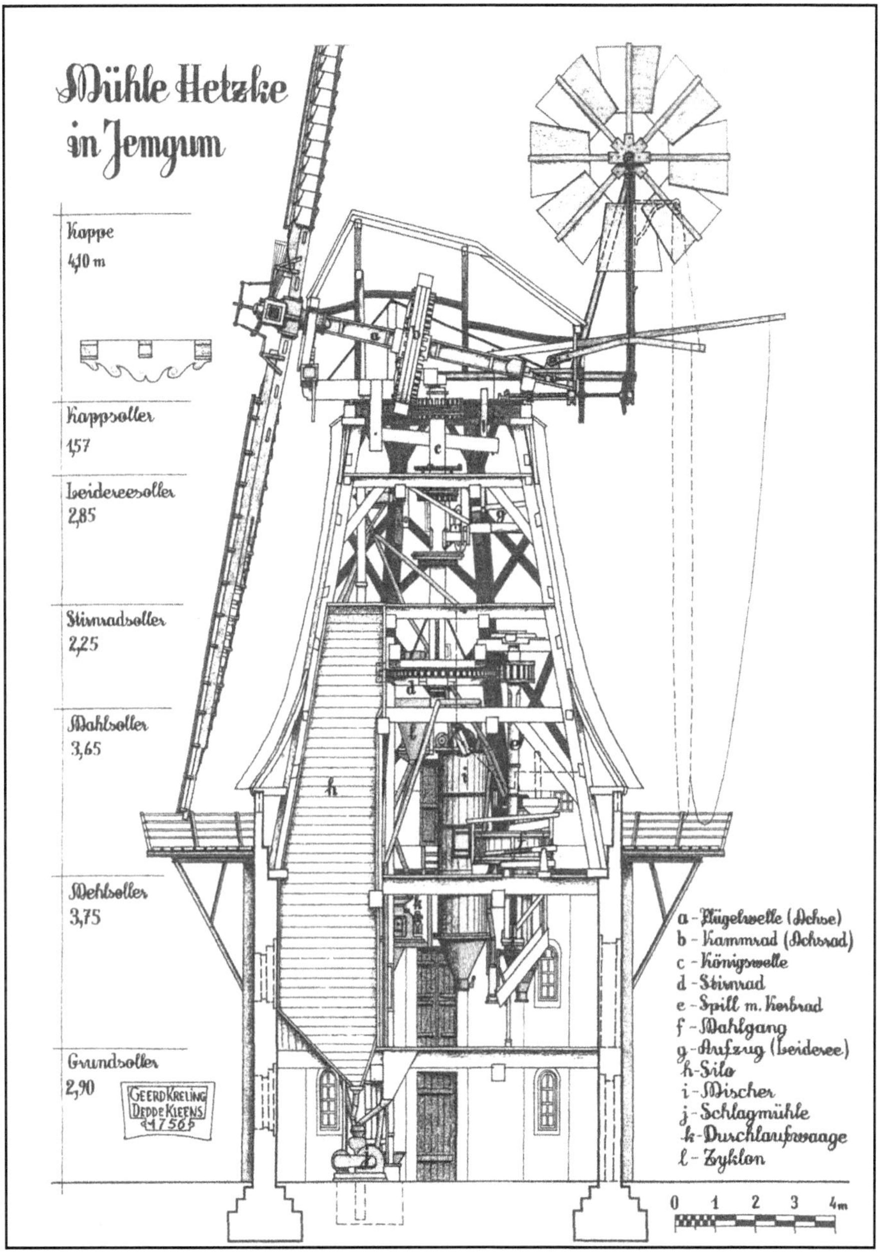

Zeichnung Rüdiger Hagen, 2001. Quelle: Mühlenverein Jemgum

auch die Mühlentechnik verbesserte sich. 1963 wurde die Galerie neu konstruiert und der Achtkant neu eingedeckt. 1974 und 1979 wurde jeweils ein neuer Flügel montiert. Im Jahr 2004 wurden die Tragbalken der Kappe und die Flügel komplett erneuert. Starke Gewitterböen rissen im Juni 2011 die Jalousieklappen eines Flügels Herunter. 2014 wurde ein neuer Mahlstein eingebaut.

Im Juli 1957 brachte ich unsere Tochter Uta zur Welt. Leider verließ sie uns schon wieder vier Monate später. Im November 1958 wurde unser Sohn Roelf geboren. Es folgten im Juli 1960 der Sohn Martin Uwe und im Juni 1964 unsere Tochter Kerstin Susanna.

Im Laufe der Jahre stellte die Landwirtschaft immer größere Anforderungen an ihre Lieferanten. Uns fehlte Lagerraum für Futter- und Düngemittel. Wir kauften 1967 das Wohnhaus Lange Straße 74 mit einem schönen Blick auf die Mühle. Das Wohnhaus Kreuzstraße 2 wurde zum Lagerhaus für Futter- und Düngemittel umfunktioniert. Die Haltung von Schweinen gaben wir auf, der alte Stall wurde abgerissen. Wir bauten einen Hühnerstall für 200 Tiere und verkauften im Ladengeschäft die Eier. Auch bauliche Veränderungen wurden notwendig: Wir pflasterten eine Zufahrt von der Kreuzstraße am Haus entlang, damit unsere größeren Lkws passieren konnten.

Knut wurde im Oktober 1968 plötzlich aus seinem Arbeitsleben herausgerissen. Er stürzte oben in der Mühle durch den maroden Boden etwa zehn Meter eine steile Treppe herunter. Er kam bewusstlos ins Krankenhaus. Auf mich kamen anstrengende Monate zu, die ich mit Hilfe unserer Mitarbeiter hervorragend überbrücken konnte. 1973 kauften wir das landwirtschaftliche Wohn- und Wirtschaftsgebäude in der Hofstraße 1. Am wichtigsten war der Einbau der Fahrzeugwaage. So konnten wir vor Ort mit dem Verkauf loser Futter- und Düngemittel beginnen. Die Kräfte der drehenden Windmühle wurden auch weiter zum Schroten von Getreide und Mischen von Körnerfutter gebraucht. 1980 stand schon die nächste Erweiterung an: Die Lagerkapazität musste noch einmal erweitert werden. Zu Beginn der Rübenernte konnte die neue Lagerhalle für Zuckerrübenschnitzel genutzt werden.

Knut und ich waren längst in Jemgumer Vereinen aktiv geworden. Knut wurde in den Kirchenrat gewählt und leitete einige Jahre den Sportverein SV Ems. Nach mehreren Jahren im Vorstand wurde ich 1975 als 1. Vorsitzende im Jemgumer Landfrauenverein gewählt. Der Verein wuchs auf 190 Mitglieder. Gerne erinnere ich mich Ende der 1980er-Jahre an einen PC-Kursus für Frauen mit 36 Teilnehmerinnen. Um den Tourismus anzukurbeln, schrieben sich 10 Landfrauen für einen Gästeführerkursus ein. 1991 gab ich den Vorsitz an eine jüngere Landfrau ab.

Alles entwickelte sich jetzt in einem langsameren Tempo weiter: 1994 wurde der Mühlenplatz neu gepflastert. Im Folgejahr gründete sich der Mühlenverein Jemgum, Knut wurde zum 2. Vorsitzenden gewählt. Nachdem Knut 1996 den Landhandelsbetrieb abgemeldet hatte, kehrten Knut und ich in unser Müllerhaus zurück, wo wir 1955 gemeinsam begonnen hatten. Bald gab es erste Überlegungen, im Motorschuppen neben der Mühle ein Café einzurichten. Dies wurde schnell umgesetzt, als Name wurde „Unner d‘Möhlen“ ausgewählt.

Mühle Jemgun Quelle: Mühlenverein Jemgum

Als 2001 die Initiative entstand, im Rheiderland Melkhusjes einzurichten, schloss ich mich begeistert der Idee an. Ich bot mehrere Jahre im Mühlencafé Produkte rund um die Milch an, wie Milchshakes, Quarkspeisen, Buttermilchbrei und Eiscafé. Außerdem gab es selbstgebackenen Kuchen, belegte Brote und Eis. Wenn Knut Zeit fand, erzählte er den Gästen Geschichten rund um die Mühle und bot einen Mühlentrunk an.

Im Juni 2017 starb Knut. Ich wohne jetzt allein im Müllerhaus. Eigentlich ist es mir hier zu groß, aber ich bleibe in der „alten City“ von Jemgum. Es gibt ja noch genug für mich zu tun.

Interview und Text: Detlef M. Plaisier
Portraitfoto: Stefan Wiemker

Edith Huisinga
Jahrgang 1942
Bunde

„Ich habe nie gespürt, dass ich keine Ostfriesin bin“

Ich wurde am 7. August 1942 in Klein Wickbold/Ostpreußen geboren. Meine Großeltern und meine Mutter lebten dort in einem Haus, das zu dem Rittergut der Familie Kessler gehörte. Mein Großvater arbeitete dort als Schreiner. Mein Vater war 1939 einberufen worden. Mein Bruder Gerhard, geboren 1939, starb 1942 an einer Blinddarmentzündung. Im Krieg gab es auf den Dörfern keine Ärzte. Als sie meinen Bruder nach Königsberg gebracht hatten, konnte man ihm im Krankenhaus nicht mehr helfen, weil der Blinddarm schon geplatzt war.

Um dem Tod vor den einmarschierenden russischen Truppen zu entkommen, mussten wir unser Zuhause am 26. Januar 1945 innerhalb einer Stunde verlassen. Der Gutsbesitzer gab uns für

Gutshaus Kessler in Wickboldt. Aufnahme 1994.
Quelle: www.bildarchiv-ostpreußen.de

Edith Huisinga in Ostpreußen 1944 auf dem Arm ihrer Mutter

die Flucht zwei Pferde und einen Wagen. Doch was sollten wir mitnehmen? Für mich ein Bett, denn ich war ja erst zweieinhalb Jahre alt, dazu ein paar Kleider, Kochgeschirr, Esswaren und die Kiste mit Dokumenten. Mehr passte nicht auf den Wagen. Wir fuhren los bei eisiger Kälte, 24 Grad minus, und viel Schnee. Von überall her kamen Menschen mit Ihren Pferdegespannen. Im Nu waren die Straßen verstopft. Wir kamen kaum voran. Tiefflieger schossen wahllos in die

Menschen. Es waren ja auch viele Soldaten auf der Straße, und die wollten die Russen unbedingt töten.

Der Flüchtlingstreck zog nach Königsberg und dann zum Frischen Haff. Anfang Februar hatte der Frost schon etwas nachgelassen. Auf dem zugefrorenen Haff stand inzwischen Wasser. Überall waren Löcher von Einschüssen zu sehen. Viele Menschen waren schon mit ihren Pferdegespannen eingebrochen und ertrunken. Man konnte nur ganz langsam über das Eis gehen, eine Person ging dem Gespann immer voraus.

An Tagen mit klarer Sicht war es für die Bomber leicht, die endlosen Menschenschlangen und die Gespanne zu beschießen. So hielten wir uns oft im Wald auf. Die mitgenommenen Essensvorräte waren inzwischen aufgebraucht. Wir besorgten uns Gemüse auf den Feldern. Zu kaufen gab es nichts. Es war eine zeit voller Entbehrungen. Am schlimmsten war die Angst vor den Russen. Weiter, hieß es, immer weiter. An der Samlandküste ging es in Richtung Westen. Viele Menschen wurden per Schiff in Sicherheit gebracht. Wir zogen auf dem Landweg weiter. Unterwegs wurde ein Pferd von deutschen Soldaten beschlagnahmt. Ihnen war das Benzin für die Fahrzeuge ausgegangen, und sie brauchten ein Fortbewegungsmittel.

Als wir nach Schlesien kamen, fuhren wir mit dem Zug weiter. Inzwischen waren seit Beginn der Flucht fünf Wochen vergangen. Nach einer weiteren Woche kamen wir in Bunde in Ostfriesland an. Wir hatten nur noch einige persönliche Sachen. Und vor allem: Wir hatten keine Unterkunft. Vom Bürgermeister erhielten wir die Anschrift für ein Zimmer. Jede einheimische Familie, die noch über eine intakte Wohnung verfügte, musste Flüchtlinge

Familienanschluss 1945

aufnehmen. Wir erhielten ein kleines Zimmer im Obergeschoss bei Hinderk Beenen im Friedensweg. Meine Großeltern waren bei der Familie Osten im Eichenweg untergebracht. Die Familie hatte eine Tischlerei.

Finanzielle Unterstützung gab es nicht. So musste meine Mutter jeden Tag bei anderen Leuten putzen und Wäsche waschen. Dafür bekamen wir zu essen und ich etwas Geld. Meine Mutter versorgte auch meine Großeltern mit. Es gab keine Waschmaschine. Meine Mutter erledigte alles per Hand: Bereits am Vorabend wurde die Wäsche eingeweicht. Am Waschtag feuerte meine Mutter den Waschkessel an, und füllte sie in den Kessel. Nach dem Kochen legte sie die heiße Wäsche in eine Wanne mit kaltem Regenwasser und spülte sie mehrere Male aus. Wasserleitungen gab es in Bunde noch nicht. Dann wurde die Wäsche durch eine Mangel gedreht und aufgehängt. Diese Prozedur dauerte oft einen ganzen Tag. Am folgenden Tag wurde alles gebügelt. Es gab kein elektrisches Eisen. Benutzt wurde ein schweres Eisen, das man oben öffnen und in einen Behälter glühende Kohlen einfüllen konnte. Das hielt dann mehrere Stunden.

Nach sechs Wochen in Bunde hieß es, man könne wieder zurück nach Ostpreußen. Meine Großeltern wollten unbedingt wieder in ihre Heimat. Sie bedrängten meine Mutter so lange, bis wir uns in den Zug setzten. Wir kamen aber nur bis Hannover. Dort trafen wir zufällig den Bürgermeister unserer ostpreußischen Heimat, der uns klar machte, dass man keineswegs zurückkönne; der Russe habe alles besetzt.

Wir fuhren zurück nach Bunde. Inzwischen waren in unseren Wohnungen neue Flüchtlinge einquartiert worden. Mutter besorgte bei der Gemeinde neue Quartiere. Meine Großeltern zogen in eine Wohnung bei Landwirt Diddens am Leegeweg. Für meine Mutter und mich wurde es schwieriger. Wir erhielten fünf Adressen. Vier Familien wollten uns nicht haben. An der letzten Adresse, bei Familie Kühler, konnten wir bleiben. Die Familie kannte Leid und Krankheit: Der Mann war schwer asthmakrank. Familie Kühler räumte ihr Wohnzimmer aus und gab uns ihre Wohnküche mit Tisch, Stühlen, Schrank und Ofen. Wir hätten keine lieberen Menschen treffen können. Noch heute sind wir den Kindern der Kühlers in Freundschaft verbunden.

Von der Gemeinde bekamen wir zur Einquartierung ein Bett. Wenn ich schlief, trank meine Mutter bei Kühlers Ostfriesentee und aß Kekse. In den kalten Wintern gab es für jeden ein Stövchen, um die Füße zu wärmen. In das Holzstövchen war ein

Behälter aus Ton eingelassen, in den glühende Kohlen gelegt wurden. Durch Löcher im Stövchen steig dann die Wärme nach oben – eine wunderbare Einrichtung! Ich erinnere mich, dass die reichen Bauern sonntags zum Gottesdienst in die Kirche Stövchen mitbrachten. Die Knechte trugen die Stövchen in die Kirche und stellten sie in die Bänke der Bauern. Die Arbeiter saßen in den Gängen auf Holzbänken ohne Lehnen oder sogar auf den Treppenstufen zu den Bauernbänken.

Gleich nach Kriegsende erhielt man Bezugsscheine für Lebensmittel. Für Brot musste man oft stundenlang anstehen. Wenn es Lebensmittel gab, lief der Gemeindediener mit einer Glocke durch die Straßen und verkündete den Verkauf. Auf dem Lande hatten es die Menschen etwas leichter. Jeder hatte irgendwie einen kleinen Garten für Obst und Gemüse, Hühner, Kaninchen und viele auch ein Schwein zum Schlachten. Menschen kamen aus den Städten in die Dörfer und tauschten ihre Wertsachen gegen Speck, Wurst und Gemüse ein. So manches wertvolle Familienerbstück wechselte so den Besitzer. Kühlers hatten einen großen Gemüsegarten am Haus. Wir erhielten eine Hälfte und bekamen außerdem von der Gemeinde noch Kleingartenland, das meine Mutter bearbeitete. Im Stall der Kühlers stand ein Schwein. Die Eltern von Frau Kühler schickten ihr per Bahntransport aus Bentheim ein Ferkel. War das Schwein schön fett geworden, wurde es von einem Schlachter heimlich geschlachtet und mit dem Handkarren wieder abgeholt. Das Fleisch wurde in Gläser eingekocht, Würste und Speck wurden getrocknet und in Salz eingelegt.
Klara Kühler und meine Mutter gingen oft die Strecke von sechs Kilometern zu Fuß nach Weenermoor und holten in einem Zehn-Liter-Eimer Milch vom Bauern. Die Milch war sehr preiswert,

weil viele Bauern sie nicht bei der Molkerei abliefern konnten. Hinter dem Haus der Kühlers befand sich ein Brunnen. Das Wasser wurde zum Saubermachen benutzt. Zum Kochen und für die Wäsche nahmen Frau Kühler und meine Mutter Regenwasser. In der Küche stand eine große Regenbacke mit einer Pumpe. Dort durften wir unser Wasser holen. Einmal im Jahr, während der trockenen Zeit, wurde die Regenbacke gereinigt. Dafür wurde das Wasser zunächst abgepumpt und in Eimern gelagert. Die Wände der Backe wurden geschrubbt, Schlamm und tote Tiere wurden entfernt. Das war eine schwere Arbeit.

Gebadet wurde immer am Sonnabend. Heißes Wasser wurde in eine Zinkwanne geschüttet. Zuerst wurden die Kinder gebadet. Sie stiegen nacheinander in die Wanne, das Wasser wurde nicht gewechselt. Kopf und Körper wurden mit Kernseife gereinigt. Die Handtücher waren aus Flachs gewebt und hart. Die Haut war dann gut durchblutet. Waren die Eltern zum Baden an der Reihe, wurde zuvor das Wasser in der Wanne gewechselt.

Im Hinterhaus befand sich ein Plumpsklo. Toilettenpapier gab es nicht. Zeitungspapier wurde zurechtgeschnitten und an einem Nagel aufgehängt. Wollten wir abends noch zum Klo, durften wir durch die Wohnung der Kühlers gehen und mussten nicht in der Dunkelheit ums Haus. Mehrere Male im Jahr wurde die Grube gereinigt. Die Jauche wurde in Behältern zum Acker transportiert und dort als Dünger ausgebracht.

Ebenfalls im Hinterhaus wurden Holz und Torf gelagert. Holz holte mein Großvater mit einem Handkarren direkt vom Sägewerk, wo er es als Abfallholz preiswert erwerben konnte. An den Torf zu gelangen, war schon schwieriger. Meine Mutter musste einmal im Jahr für eineinhalb Tage ins Moor zum Torfstechen. Sie wurde mit einem Lastwagen hingebracht und übernachtete in einer Baracke. Eine Großküche versorgte alle auf dem Feld mit Essen. Der Torf war nass und schwer und musste in Schiebkarren gefahren werden. Nach einigen Wochen Trockenzeit kam der Torf per Schiff nach Weener in den Hafen. Dort wurde er ausgeladen und auf Lastwagen geworfen. Jetzt war der Torf hart und rau, und jeder, der dort mithalf, holte sich trotz Handschuhen blutige Finger.

Meine Mutter musste jeden Tag arbeiten. Sie ging zur Gastwirtsfamilie Sperg und zum Müller Klassen. Außerdem hatte sie mehrere Putzstellen, half beim Pflücken auf den Feldern und arbeitete in der Konservenfabrik. Bei Sperg und Klassen hatte sie es gut. Sie erhielt gutes Essen und etwas Geld. Ich durfte mittags in die Gastwirtschaft kommen und dort mitessen. Die Tochter hatte mit mir zusammen am 7. August Geburtstag. Wir feierten gemeinsam mit Kuchen und Kakao. Geschenke gab es nicht.

Auf den Ländereien der Bauern pflückte meine Mutter Erbsen, große Bohnen und grüne Bohnen. Sie wurden in Säcke gefüllt und noch auf dem Acker gewogen. Dafür gab es einen Pflücklohn. In den Sommerferien halfen dabei auch die älteren Schulkinder. Im Herbst unterstützten die Kinder ihre Eltern beim Aufsammeln der Kartoffeln. Abends wurde dann das Kartoffellaub angezündet und man garte gemeinsam Kartoffeln in der Glut. Die Erwachsenen erhielten als Lohn Kartoffeln für den Winter. In der Konservenfabrik reinigte meine Mutter das angelieferte Gemüse, wusch es und füllte es in Konserven. Dann wurde ein Deckel aufgeschweißt und der Inhalt eingekocht.

Meinen Vater habe ich nie kennengelernt. Er gilt in Stalingrad seit Januar 1943 als vermisst. Meine Mutter hat viele Jahre noch auf seine Rückkehr gehofft und sich lange dagegen gewehrt, ihn für tot erklären zu lassen. Ich kann mich noch gut daran erinnern, als Bundeskanzler Konrad Adenauer durch Verhandlungen in der Sowjetunion die Freilassung deutscher Kriegsgefangener erreichte. Wir saßen vor dem Radio und hofften so sehr, dass der Name meines Vaters genannt würde. Er war nicht dabei. Auch Suchmeldungen beim Roten Kreuz blieben ohne Ergebnis. Meinen Vater für tot erklären zu lassen, sah meine Mutter als Verrat an. Aber in der Not hatte sie keine Wahl. So erhielt sie ab Mai 1956 eine Witwenrente von 42,70 Mark monatlich. Schon ab Juli 1949 erhielt meine Mutter für mich eine Halbwaisenrente in Höhe von 30 Mark. Auch meine Großeltern bekamen eine Rentenzahlung. Den Betrag musste man immer zu Monatsbeginn auf der Post abholen, wo sich dann lange Schlangen bildeten.

Schon als kleines Mädchen lernte ich Plattdeutsch. Ich habe nie gespürt, dass ich keine Ostfriesin bin. Heute hört keiner mehr, dass ich hier nicht geboren bin. Ich hatte als Kind viele Spielkameraden. In fast jedem Haus an der Weenerstraße wohnten Familien mit Kindern in meinem Alter. Meine engste Freundin war Lene. Wir gingen gemeinsam auf den Acker und sammelten dort Porzellanscherben. Das war dann unser Geschirr. Damit gingen wir zu meinen Großeltern und spielten auf dem Fenstersims. Manchmal gab es dann ein Stück Brot mit Butter und Zucker und dazu dünnen Tee oder Wasser. Puppen hatten wir nicht. Wir spielten die meiste Zeit draußen oder auf dem Hof von Bauer Diddens. Auf dem Heuboden richteten wir uns eine Höhle zum Spielen ein.

1949 wurde ich in der Grundschule Bunde eingeschult. Eine Schultüte gab es nicht. Fest jeder brachte eine Kleinigkeit mit, die der Lehrer dann einsammelte und so verteilte, dass jeder etwas erhielt. Wir hatten einfache Schulranzen, Schiefertafeln, eine Griffeldose und einen Schwamm. Schreibhefte gab es erst viel später. Jeden Tag konnten wir uns aus der Schulküche eine warme Mahlzeit holen. Jeder Schüler besaß dafür einen eigenen Behälter und einen Löffel. Hunger kannten wir nicht. Aber es war verboten, Essen mit nach Hause zu nehmen. Die Schulaufgaben erledigte

Einschulung 1949

ich bei meinen Großeltern, erst dann ging es nach draußen zum Spielen.

Mit Schulbeginn ging ich zum Kindergottesdienst in der evangelisch-reformierten Kirche. Viele Kinder aus der Weenerstraße zogen jeden Sonntag gemeinsam dorthin. Am Ende des Gottesdienstes erhielten wir immer ein Sonntagsblättchen für zuhause. Oft habe ich das Blättchen einer alten Frau gebracht, die sich sehr darüber freute.

Als Dank bekam ich jedes Mal einen Groschen. Dafür konnte ich mir beim Bäcker eine große Schnecke oder eine Tüte Bonbons kaufen.

Einmal im Jahr fuhren wir nach Logabirum in den Tier- und Vergnügungspark „Onkel Heini". Das war für uns Kinder sehr aufregend. Der Fuhrunternehmer Engelkens aus Bunde hatte ein Lastauto mit hohen Seitenwänden. Darauf wurden Bänke montiert. Wir kletterten auf den Wagen und los ging die Fahrt. Die Brücke über die Ems nach Leer war noch vom Krieg zerstört, und so fuhren wir mit der Fähre nach Leerort und von dort aus nach Logabirum. Dort angekommen, hielten wir im Wald zunächst eine kleine Andacht. Dann gab es Kakao, den die Helfer in großen Milchkannen mitgebracht hatten – was für eine Köstlichkeit! Anschließend spielten wir Sackhüpfen, Eierlaufen und Blinde Kuh. Um 12 Uhr durften wir dann in den Park. Da gab es kein Halten mehr: Alle Spielgeräte wurden

Vergnügungspark Waldkur Onkel Heini in Lagabirum. Aufnahme 1949.
Quelle: Sammlung Plaisier

ausprobiert. Riesenrutsche, Schiffsschaukel, Wippe und natürlich die Kaffeemühle waren immer belegt. Dass den meisten übel wurde, gehörte dazu. Danach ging es in das Zerrspiegel-Kabinett. Dort hingen mehrere Spiegel, die uns einmal kleiner und dünner, dann wieder dicker, breiter oder länger erschienen ließen. Das Gesicht glich einer Fratze. Wir bogen uns vor Lachen und bestaunten uns gegenseitig. Zum Abschluss wurden die wilden Tiere in den Käfigen bestaunt. Aber die Spielgeräte waren doch das Beste für uns.

Mit 14 Jahren übte ich mein erstes „Ehrenamt" aus: Ich leitete nach meiner Konfirmation eine Gruppe im Kindergottesdienst. Danach engagierte ich mich in der Jugendarbeit der Gemeinde, die damals noch nach Geschlechtern getrennt war. Anschließend verstärkte ich den reformierten Frauenkreis, den ich dann insgesamt 27 Jahre lang leitete.

Im Frauenkreis stellte Erich Weelborg seine Selbsthilfegemeinschaft für Körperbehinderte vor, die er 1968 gegründet hatte. Er ist selbst schwer körperbehindert und an den Rollstuhl gebunden. Aus diesem Kontakt gründete sich 1974 ein Freundeskreis. Drei Jahre später schlossen sich der Freundeskreis und die Behindertengemeinschaft zum „Verein für Körperbehinderte und ihre Freunde im Landkreis Leer" zusammen. Ziel war es unter anderem, eine Wohnstätte für Körperbehinderte zu schaffen, in der sie selbständig leben konnten. Bis dahin wurden Körperbehinderte, unabhängig von ihrem Lebensalter, in Altenheimen untergebracht. 1984 hatten wir unser großes Ziel erreicht: Die Wohnstätte mit acht Wohnungen und einem kleinen Pflegeheim für fünf Schwerstbehinderte wurde in Bunde eingeweiht. Sie war eine der ersten Heimstätten dieser Art in Niedersachsen. Alle Schritte wurden ehrenamtlich durch den Vorstand des Vereins organisiert von der Beschaffung der Finanzmittel und der Suche nach einem Architekten bis hin zur Vereinbarung der Pflegesätze mit dem Landessozialamt. Es dauerte fünf weitere Jahre, bis der Pflegetrakt als Pflegeheim anerkannt wurde. Dies war eine große Erleichterung, denn die Kosten wurden fortan durch das Landessozialamt getragen. 1994 wurde der Pflegetrakt auf 18 Plätze für Vollzeitpflege erweitert, inzwischen sind es sogar 24.

Ergänzend zu der Pflegeeinrichtung kaufte der Verein einen teilweise abgebrannten Gulfhof in unmittelbarer Nähe zur Wohnstätte im Ortskern von Bunde hinzu. Der hintere Scheunenteil wurde zu einem „Haus der Begegnung" umgebaut und 1995 in Betrieb genommen. Dieses Haus leite ich bis heute. In der Teestube, die jeden Donnerstag stattfindet, engagieren sich etwa 80 ehrenamtliche Helferinnen. Sie backen Kuchen und bereiten verschiedene Basare wie den Frühlingsbasar und Erntedankbasar vor. Der Adventsbasar am ersten Samstag im Advent besteht schon 40 Jahre. Der Erlös wird für die Arbeit des Vereins verwendet.

Durch meine christliche Erziehung war es für mich immer selbstverständlich, anderen Menschen zu helfen. Bis heute ist es meine Lebensaufgabe, Körperbehinderten ein besseres und selbständiges Leben in Würde zu ermöglichen. Es ist eine große Ehre, dass mir der Landkreis Leer für mein Engagement im Jahr 2018 das Blinkfüür verliehen hat. Doch was ich erreicht habe, hätte ich nie allein erreichen können. Ich hatte immer engagierte Helfer an meiner Seite. Meine Familie und mein 2014 verstorbener Mann haben viel Zeit und Geduld aufgebracht. Mir ist es wichtig, andere zu ehrenamtlichem Einsatz zu ermuntern. Ehrenamt ist mehr als selbst zu helfen. Man bekommt auch etwas zurück, denn Ehrenamt kann Leben verbessern und so viel bewirken!

Interview: Monika van Geuns
Text: Detlef M. Plaisier
Portraitfoto: Stefan Wiemker

Günter Hülsebus | Jahrgang 1928 | Leer

„Wir fuhren mit dem Fahrrad zu Kunden bis ins Rheiderland“

Günter Hülsebus wurde am 10. Februar 1928 in Leer geboren, wo sein Vater in der Brunnenstraße 15 ein Friseurgeschäft führte. Seinen ersten Betrieb gründete der Vater im Jahr 1901 in der Rathausstraße, bis er von einem Goldschmied das Haus in der Brunnenstraße kaufte und umzog. Günter Hülsebus ist merklich stolz auf die Familientradition: „Mein Großvater war noch ambulanter Bader. Er rasierte seine Kunden im Wohnzimmer, zog Zähne und setzte Blutegel für den Aderlass an.“

Die Schriftstellerin Wilhelmine Siefkes erwähnt das Geschäft Hülsebus in ihren Erinnerungen:

„1901 eröffnete Hülsebus sein Friseurgeschäft, aber Damensalons gab es damals noch nicht; erst zwanzig Jahre später hatte die Frauenemanzipation auch unser Städtchen erreicht, und zwar dergestalt, daß man sich einen „Bubikopf" schneiden lassen konnte, aber als ich aus praktischen Gründen von dieser Möglichkeit Gebrauch machte, ließen mir ein paar Kollegen sagen, in ihren Augen wäre ich nun kein deutsches Mädchen mehr."

1934 wurde Günter Hülsebus in der Harderwykenschule eingeschult. „Ich erinnere mich, dass wir 1936 in den großen Schaufenstern der Ostfriesen-Zeitung die ausgehängten Ergebnisse der Reichstagswahl gelesen haben. Mein Vater war deutschnational eingestellt und als Kriegsteilnehmer im Ersten Weltkrieg Mitglied im Stahlhelm. Bis zum Machtantritt der Nationalsozialisten stand er als Obermeister der Friseurinnung Leer vor und wurde dann abgesetzt, weil er kein Mitglied der NSDAP werden wollte." Auf dem Weg zur Schule sah Günter Hülsebus im November 1938 die Synagoge brennen. „Menschen warfen noch etwas ins Feuer, und ich konnte es nicht verstehen. Die Feuerwehr achtete darauf, dass der Brand nicht auf Nebengebäude übergriff, aber unternahm keinen Versuch, zu löschen. In der Schule erzählte man, dass die Juden zusammengetrieben würden."

Harderwykensteg in den 1950er-Jahren.
Quelle: www.tgg-leer.de

Schon früh ging Günter Hülsebus mit offenen Augen als neugieriger Schulbub durch seine Heimatstadt. So kann er noch die Geschäfte in der Innenstadt der dreißiger Jahre wie an der Schnur aufgereiht aufzählen. „Die Brunnenstraße und die Rathausstraße waren das Zentrum. Das änderte sich, als die Bahnstrecke nach Emden eingerichtet wurde. Die Schiffe kamen von Ostrhauderfehn und den Inseln in den Leeraner Hafen. Frauen liefen mit einachsigen Karren in die zentralen Straßen der Stadt und verkauften Granat und Fisch. Die Menge wurde nach Litern bemessen, von einem viertel Liter bis zu einem Liter."

Nach dem Schulabschluss 1942 lernte Günter Hülsebus den Beruf des Elektrikers bei Elektro Köpper. „Es gab kein Benzin, so mussten wir mit dem Fahrrad zu den Kunden fahren. Die wohnten bis nach Wymeer im Rheiderland. Manchmal übernachteten wir im Heu. 1944 machte ich eine Notprüfung und wurde dann eingezogen. Ich kam nach Emden zur Marineflak und habe den schweren Angriff auf Emden im September 1944 miterlebt."

Günter Hülsebus als Marinehelfer 1944

Aus der kurzen englischen Kriegsgefangenschaft kam Günter Hülsebus am 3. August 1945 in ein völlig zerstörtes Leer zurück und konnte direkt zu seiner Lehrfirma zurückkehren. Weil es bald kein Material mehr gab, wurde er entlassen. Günter Hülsebus erinnert sich an die berufliche Wende in seinem Leben: „Als die Montanunion kam, sollten alle Jugendlichen ab 18 Jahren zwangsverpflichtet werden. Das wollte ich nicht. Ich lernte den Friseurberuf im Betrieb meines Vaters, legte die Gesellenprüfung ab und ging zur Meisterschule, die ich 1952 bestand. Im gleichen Jahr starb mein Vater. Ich führte nach seinem Tod das Geschäft weiter."

Günter Hülsebus mit Eltern und Bruder. Jahr unbekannt.

Schon als Hülsebus senior noch lebte, mussten die Kunden lange darauf warten, bedient zu werden. Vater und Sohn bauten den Hinterhof des Hauses in der Brunnenstraße zu und schufen einige zusätzliche Kabinen. Doch Friseur zu sein, reichte Günther Hülsebus nicht aus. „Ich lernte Fußreflexzonenmassage und Akupressur und bot das auch im Salon an. Außerdem schloss ich mich den Haarformern an, einer Vereinigung kreativer Friseure." Als siebter Friseur in Deutschland präsentierte Günter Hülsebus die Pflegeprodukte von La Biosthétique Paris. Er schmunzelt:

„Schon vor fünfzig Jahren gab es wechselnde Haarmoden: Der Mecki- oder Igelschnitt war bei Jungen und Männern populär, und die Frisur von Farah Diba war bei Frauen als Ideal sehr gefragt.“

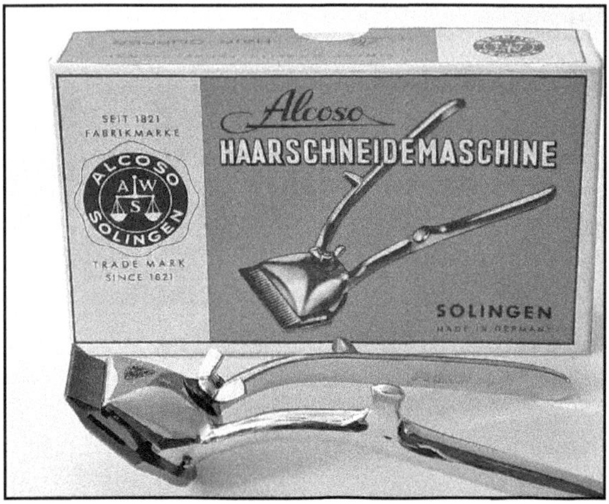

Alcoso Haarschneidemaschine. Quelle: Phrontis auf Wikimedia Commons / Lizenz: CC-BY-SA-3.0 (de) / https://creativecommons.org/licences/by-sa/3.0/

Bis in die 1980er-Jahre bildete Günter Hülsebus Lehrlinge im Friseurhandwerk aus. Stolz verfolgte er ihren Weg bis in deren eigene Selbständigkeit. 1990 gab er dann seinen Salon auf: „Mir fehlte einfach die Kraft“ – was aber nicht heißt, dass Günter Hülsebus jetzt untätig ist. 1997 erkundete er Norwegen mit dem Motorrad. In die Fjordlandschaft des Nordens folgten mehr als zehn weitere Fahrten mit dem Wohnmobil. Gemeinsam mit seiner Lebenspartnerin Hedwig Siemens erkundet Günter Hülsebus die europäischen Nachbarn, darunter Polen, Italien und Sizilien. In Portugal wurde überwintert. „Ich bin dankbar für jedes Erlebnis“, sagt Günter Hülsebus. „Man muss doch mit seinem Leben etwas anzufangen wissen.“

Interview und Text: Detlef M. Plaisier
Portraitfoto: Stefan Wiemker

Karin Janssen | Jahrgang 1938 | Leer

„Die alten Katholiken, das waren für uns die Bösen"

Karin Siemoneits erste große Liebe blieb unerfüllt: Paul wohnte gegenüber der Kirche. Er führte die Herrenschneiderei seines Vaters weiter, seine Stiefmutter betrieb ein Textilgeschäft. Doch Paul war katholisch. Karin und Paul trafen sich heimlich. Zuerst redete man noch im emsländischen Dorf, dann wurde der Feldzug eingeläutet. Karin hat die Räumlichkeiten der Schneiderei nie von innen gesehen. Nach einem Gespräch zwischen Paul und dem Pastor war die Beziehung beendet.

Als zweitältestes von zehn Kindern aus einer protestantischen Familie 1938 geboren, besuchte Karin die katholische Grundschule

Karin Janssen. Aufnahme 1949.

im Dorf. Ihre Mutter war noch zu einer Tante nach Wilhelmshaven gebracht worden, um dort evangelisch unterrichtet zu werden. „Bei mir stand das nicht zur Debatte. Wir waren schon zu viele Geschwister", erinnert sich Karin Janssen heute. Ihren Mitschülern stand die Religion nicht im Wege, und auch die meisten Lehrkräfte „waren nicht infiziert."

Die Kindheit im emsländischen Dorf war durch den Krieg und

Klassenfoto der Volksschule Biene 1948

den Patriarchen der katholischen Kirche geprägt. „Der Oberhirte hatte seine Schäfchen im Griff. Sie strömten zu seinen Veranstaltungen, und er konnte beim Bischof in Osnabrück mit dem prall gefüllten Klingelbeutel glänzen." Wenn Karin mit ihrer Schwester sonntags die „Christenlehre", den kirchlichen Religionsunterricht, beim katholischen Pfarrer besuchte, so hatte der eine klare Meinung zu den Eindringlingen: „DIE stören." Die älteren Katholiken im Dorf unterstützten seine Ablehnung. Karin Janssen zahlt noch heute mit gleicher Münze zurück: „Die alten Katholiken, das waren für uns die Bösen." Einen kleinen Erfolg konnte sie immerhin verbuchen: Sie durfte sich bei der jährlichen Nikolausfeier im Dorf unter die traditionell katholischen Engel mischen.

Karin Janssens Familie ist eng mit dem Molkereiwesen verbunden. Karl Fraatz, der Großvater mütterlicherseits, musste vor der Prüfung zum Molkereimeister als Geselle mehrere Betriebe durchlaufen. So kam er auch nach Esens, wo er seine zukünftige Frau kennenlernte. Als Karl in Bagband arbeitete, fuhr er sonntags gute 40 Kilometer mit dem Fahrrad nach Esens und abends wieder zurück. Als Molkereimeister war Karl Fraatz dann bei der Raiffeisen-Molkereigenossenschaft angestellt. „Die Mahlzeiten nahm Opa in der nahen Gast-

Karl und Vollbrechta Fraatz, ca. 1940

wirtschaft ein“, erinnert sich Karin Janssen – und schmunzelt über eine Begebenheit, die in der Familie erzählt wurde: „Zum Frühstück aß Opa immer ein Ei. Einmal erwischte er die Wirtin dabei, wie sie mit dem abgekochten Eierwasser den Kaffee aufbrühte.“ Manchmal gab Karl Fraatz so gar nicht das Bild des lieben Großvaters ab. Dann rannte er wütend und laut schimpfend ums Haus. „Das Einzugsgebiet der Molkerei umfasste viele Dörfer an der Ems entlang und darüber hinaus. Die Bauern lieferten jeden Morgen die Milch ab“, schildert Karin Janssen. „Die Pferdewagen fuhren an die Rampe, die Kannen wurden gewogen. Wies die Milch einen Grauschleier auf und war sie sogar mit Wasser gestreckt, dann brannte die Hütte.“

Über Karins Vater Karl-Christoph Siemoneit ist nur wenig bekannt. Er stammt aus Ostpreußen, wahrscheinlich aus Gumbinnen (wie auch der legendäre Zirkusdirektor Gerd Siemoneit-Barum). Er war mit elf Jahren schon Vollwaise und wuchs bei seinem Onkel auf. Wahrscheinlich hat er in Gumbinnen das Molkerei- und Käsefach erlernt und kam dann über Ihrhove, Stapelmoor und Norden in das emsländische Dorf. Dort lernte er die blutjunge Vollbrechta genannt Volli kennen. Mit sechzehn war sie schwanger. „Mein Opa hat das meinem Vater nie verziehen“, weiß Karin Janssen noch genau. Weil die Wohnverhältnisse zu eng waren, errichtete Karl Fraatz für sich und seine Frau über dem Molkereibetrieb eine moderne Wohnung. Die junge Mutter zog mit ein, und Karl-Christoph Siemoneit kam im Betrieb als Molkerei- und Käsemeister unter.

Die Zeit des Nationalsozialismus hinterließ in der Familie von Karin Janssen besondere Spuren. Ihr Großvater hatte Mühe, für seine Butter ein Zertifikat für den Verkauf zu bekommen. Er war kein Parteimitglied. Mit dem Eintritt in die NSDAP lief dann alles wieder in geordneten Bahnen. Das Parteibuch wurde beiden nach Kriegsende zum Verhängnis: Sie wurden aus ihren Stellen in der Molkerei entfernt und mussten auch die Wohnung über der Molkerei verlassen. Unterschlupf bot einer der beiden evangelischen Bauern im Dorf.

Dessen Hof war Ausgangspunkt der schlimmsten Tragödie, die eine Familie erleiden kann. Karin Janssen berichtet: „Meine kleine Schwester Ulrike war am 18. März 1953 in der Dunkelheit nicht nach Hause gekommen. Meine Mutter suchte sie mit dem Fahrrad, doch ohne Ergebnis." Am nächsten Morgen wurde die Polizei eingeschaltet. Die Ermittlungen führten zu einem jungen Mann, der als Landarbeiter bei dem evangelischen Bauern tätig war, wo die Großeltern wohnten. Er war am Tag zuvor, also am Tag des Verschwindens, mit einem Pferdegespann zu einem kleinen Wäldchen unterwegs gewesen. Wie Zeugen berichteten, fuhren auf seinem Wagen mehrere kleine Kinder mit. In einem Laden im Dorf hatte er Bonbons gekauft. Ulrike lag tot im Wald. In ihrem Mund fand man noch eines der Bonbons. Der Täter war gerade 16 Jahre alt und wurde nach Jugendstrafrecht verurteilt. „Damals stand uns das ganze Dorf bei, auch die Katholiken. Wir konnten sogar das Tanzlokal für die Trauerfeier nutzen." Über Ulrikes Tod wurde in der Familie lange nicht geredet. „Erst jetzt, wo meine Geschwister und ich älter sind, sprechen wir darüber."

Und noch einmal streifte der sprichwörtliche Mantel der Geschichte die Familie: Im April 1945 findet der damals 19jährige Gefreite Willi Herold, der von seiner Einheit getrennt worden war, auf dem Rückzug die Uniform eines Hauptmanns der Luftwaffe. Er sammelt Gefolgsleute um sich und gibt vor, Reichskanzler Adolf Hitler habe ihm unbeschränkte Vollmacht erteilt. Als Leiter eines Standgerichtes ist er innerhalb weniger Wochen bis zu seiner Verhaftung für mindestens 125 Erschießungen im Emsland und in Ostfriesland verantwortlich. Das bringt ihm später den Namen „Der Henker vom Emsland" ein. Im

Bäckerei Janssen in Leer, 1960er-Jahre

April 1945 hielt sich Herold regelmäßig im Polizeirevier der Stadt Leer auf. Dort war auch der Bäckermeister Wilhelm Janssen, damals 41 Jahre alt, wegen angeblicher Wehrkraftzersetzung inhaftiert – Karin Janssens späterer Schwiegervater. Wilhelm Janssen hatte zu laut und zu öffentlich geäußert, Deutschland könne den Krieg nicht gewinnen, und war daraufhin denunziert worden. Das gegen ihn verhängte Todesurteil wurde vom zuständigen Richter nicht unterzeichnet. Willi Herold hörte davon, dass Bäckermeister Janssen vermögend war, und versprach ihm die Freilassung gegen Zahlung von 10.000 Reichsmark. Der Betrag wurde gezahlt, Wilhelm Janssen kam frei, und Willi Herold feierte von Janssens Geld mit seinen Gefolgsleuten ausgiebig in der Leeraner Altstadt.

Vier Kinder und sieben Enkel bereichern inzwischen das Leben von Karin Janssen. Einige von ihnen gehören dem katholischen Glauben an. Doch die Jugendbilder der Grabenkämpfe zwischen Katholiken und Protestanten sind bei Karin Janssen weiter präsent.

Interview: Monika van Geuns
Text: Detlef M. Plaisier
Portraitfoto: Stefan Wiemker

Wilma Jelden
1926 – 2019
Rhauderfehn / Leer

„Schon in der Schule habe ich Sparsamkeit gelernt“

Ich wurde am 17. Mai 1926 als Wilma Taute in Rhaudermoor geboren. Mein Vater Evert Taute, geb. 1902, war während seines gesamten Berufslebens bei der Kleinbahn Ihrhove–Westrhauderfehn angestellt. Er begann dort als Lehrling im Alter von 14 Jahren, im Jahr 1936 wurde er Betriebsleiter, was er bis zu seiner Rente blieb. Der erste Haltepunkt der Kleinbahn nach Westrhauderfehn war Marienheil.

Station Marienheil der Kleinbahn Irhove – Westrhauderfehn. Wilma Taute steht auf dem Trittbrett der Lok, ihre Mutter steht in der Haustür zum Wartezimmer. Ihr Vater Evert Taute steht vor dem Zug.

Wir wohnten dort im Bahnhofsgebäude. Zum Bahnhof gehörte ein Warteraum, ein kleiner Raum für Stückgut und unsere Wohnung. Meine Mutter Lina, geb. 1899, verkaufte durch ein kleines Fenster von der Küche aus Fahrkarten und gab Güter aus. Das Telefon hing im Dienstraum an der Wand. Man konnte alle Bahnhöfe an der Strecke erreichen, aber keine Ferngespräche führen. In dem Bahnhof habe ich eine schöne Kinderzeit verlebt.

Mit sechs Jahren musste ich nach Rhaude in die einklassige Schule gehen. Alle Kinder von der ersten bis zur achten Klasse wurden in einem Raum unterrichtet. Wir Kleinen hatten nur zwei Stunden am Tag. Wer wollte, konnte länger bleiben und beim Unterricht der höheren Klassen mithören. Das habe ich immer

Schule Rhaude. Foto: Bruno Ewen / Sammlung Heinze.

gern gemacht. Im Sommer 1933 zogen wir um nach Rhaudermoor in den Neuen Weg. Da kam ich wieder in eine einklassige Schule. In meinem Jahrgang waren nur vier Kinder, zwei Jungen und zwei Mädchen.

Mit zehn Jahren kam ich in die Mittelschule und war immer ein Jahr voraus. Normal blieb man bis zur zehnten Klasse in der Mittelschule. Es bestand auch die Möglichkeit, nach der neunten Klasse abzugehen und zur Oberschule nach Leer zu wechseln. Meine langjährige Schulfreundin entschied sich für diesen Weg und wollte so gern, dass ich sie begleitete. So machten wir uns beide ab 1941 auf den Weg nach Leer: Jeden Morgen um zwanzig Minuten nach sechs fuhren wir von Westrhauderfehn mit der Kleinbahn bis Ihrhove, wo wir dann in den Zug nach Leer umstiegen. Ihrhove war der Umsteigepunkt in die Züge der Reichsbahn, die dann bis Leer fuhren. In Leer gingen wir dann zu

Fuß bis zur Schule. Nachmittags um halb drei waren wir wieder zu Hause. 1941, im ersten Jahr, gab es noch ein Schülerabteil im Zug, das wir gerne nutzten und in dem wir viel Spaß hatten. In den weiteren Kriegsjahren musste man immer mit Verspätungen im Zugverkehr rechnen. Einer der Fernzüge kam aus Münster, das oft bombardiert wurde. Der andere Zug kam aus Holland und war oft besetzt mit zwangsverpflichteten Arbeitern, die ihre Arbeitsstelle in Leer oder Emden hatten. Das war bedrückend.

Schon in der Schule habe ich Sparsamkeit gelernt. Wenn unser Schulheft vollgeschrieben war, konnten wir nicht einfach ein neues Heft kaufen. Wir mussten es bei der Lehrerin vorzeigen, die zeichnete es ab, dann gab es im Schulsekretariat noch einen Stempel, und erst dann konnten wir bei Schuster in Leer ein neues Heft kaufen. Diese Sparsamkeit habe ich mein ganzes Leben nicht ablegen können.

1942 wurde unsere Schule in ein Marinelazarett umgewidmet. So mussten wir zum Unterricht ins Gymnasium umziehen. Wir hatten am Vormittag Unterricht, die Jungen am Nachmittag. Das war ein ganzes Stück langweiliger. Einige der älteren Schüler wurden noch kurz vor dem Abitur zum Wehrdienst eingezogen. Von mehreren mussten wir dann erfahren, dass sie schon bald nach der Einberufung im Kampf gefallen waren. Ich habe oft an diese schrecklichen Szenen gedacht, als meine Enkel siebzehn, achtzehn Jahre alt waren.

Wir Mädchen legten ein Notabitur ab, das ein halbes Jahr gegenüber dem regulären Abitur vorgezogen wurde. Danach ging es für uns in ein Arbeitsdienstlager. Ab 1939 wurden alle Mädchen im Alter von 18 bis 25 Jahren für ein Jahr dienstver-

Wilma Taute als Schulhelferin

pflichtet. Meist erfolgte der Einsatz in der Landwirtschaft bei der Garten- und Feldarbeit, bei der Hausarbeit, der Versorgung der Tiere und bei Beaufsichtigung der Kinder. Vor dem Einsatz gab es eine Musterung, genau wie bei den Männern. Meine Freundin Karla kam ins Lager Hahnentange in Westrhauderfehn, direkt neben dem heutigen Reilstift. Ich wurde bei der Musterung wegen einer Mandelentzündung zurückgestellt. Aber ganz kam ich um eine Beschäftigung nicht herum: Am Untenende in Westrhauderfehn stand die größte Schule des Ortes. Die Lehrerschaft bestand nur noch aus einer Lehrerin und einem Lehrer. Die ersten Flüchtlingskinder waren schon eingetroffen. Ich wurde dort als Schulhelferin eingesetzt. Nach 14 Tagen Hospitation übernahm ich sofort ein zweites Schuljahr. Die Schüler nannten mich beim Vornamen und duzten mich. Damals trug ich Zöpfe.

Nach Kriegsende ging es um das nackte Überleben. So ging ich wie viele andere ins Moor zum Torfstuken (Stuken = winddurchlässiger, aufgestapelter Torfhaufen; Anm. des Autors). Dort traf ich auch Schiffer und Kapitäne, die noch nicht wieder zur See fahren konnten. Das war eine schwere Arbeit, immer in gebückter Haltung. In Ostrhauderfehn und Ramsloh gab es schon Maschinen, die den Torf pressten. Wir konnten nicht jeden Tag mit den Fahrrädern zu den Feldern fahren, so übernachten wir in einem

„Torfstuken". Aufnahme 1930. Quelle: Anker Apotheke / Alwin Voszberger

ehemaligen Arbeitsdienstlager. Dort gab es einen großen Herd, auf dem wir kochen konnten. Abends, nach der Arbeit, gingen wir zu den umliegenden Bauern und bettelten um etwas Milch. Dann gab es Nudeln mit Milch. Wer beim Torfstapeln mithalf, hatte Anrecht auf ein Fuder Torf. Wir haben Verwandten im Rheiderland unser Fuder gegeben und erhielten dafür im Tausch einen Sack Erbsen.

Für den Winter 1945 versuchten wir in Westrhauderfehn Torf zum Heizen zu bekommen. Es war gar nicht daran zu denken, das ganze Haus zu heizen. Abends saßen wir alle zusammen in unserem kleinen Wohnzimmer und unterhielten uns, die Frauen beschäftigten sich mit Handarbeiten. Fernsehen gab es noch nicht, wohl aber Radio. Damals waren der Kasten und der Lautsprecher noch voneinander getrennt. Mein Vater hatte sich das Radio schon 1932 gekauft, weil er die Übertragung eines Kampfes von Max Schmeling hören wollte, der nachts in den USA boxte.

Heute haben die Schüler so viele Kontaktmöglichkeiten ins Ausland durch den Schüleraustausch. Meine älteste Tochter war 1972/73 in Michigan und hat dort die 12. Klasse absolviert. Wir kannten das zu unserer Schulzeit gar nicht. Wir hatten zwar Fremdsprachenunterricht, aber das war kein direktes Gespräch, sondern Vokabeln lernen, Lesen und Übersetzen. Während des Krieges hatten wir keine Möglichkeit, Sprachen zu üben und über andere Länder etwas zu erfahren. Es war verboten, „Feindsender" zu hören. Mein Vater hörte trotzdem. Ab Kriegsbeginn war es jede Nacht stockdunkel. Selbst die Karbidlampen an den Fahrrädern mussten abgedunkelt werden. An dem Fenster, an dem wir am meisten gesessen haben, wurde abends von außen eine angepasste Holzplatte angebracht. Ein Rollo reichte nicht aus, da schien ja das Licht an den Seiten durch. Wenn ich im Dunkeln zu meiner Freundin ging, hatte ich trotzdem nie Angst, überfallen zu werden. Heute liest man fast jeden Tag davon.

Quelle: Bundesarchiv Plak 003-027-015

Den 12. April 1945 werde ich nie vergessen. Mein Vater kam zum Mittagessen nach Hause, und meine Mutter zeigte ihm etwas im Garten. Ein Flugzeug näherte sich und sackte immer tiefer. Mein

Stumpf der Mühle Zeldenrüst 1945. Quelle: Sammlung Heinze

Vater rief „Der wirft Bomben! Schnell in den Keller!“. Im Keller hörten wir die Detonationen. Die Bomben hatten das Müllerhaus der Mühle Zeldenrüst am Verlaat getroffen. Alle hatten zum Mittagessen um den Tisch gesessen: der Müller, seine Frau und eine Tochter, die in das zweite Schuljahr ging, dazu die Eltern der Ehefrau, zwei französische Kriegsgefangene und zwei Soldaten. Die Front war ja schon ganz nah. Die Eltern der Müllersfrau waren zum Mittag zu Gast, weil es beim Müller immer etwas mehr zu essen gab. Alle kamen durch die fallenden Bomben ums Leben. Im Haus befanden sich noch ein Baby der Müllersleute und eine Hausgehilfin. Weil die Hausgehilfin das Baby gerade zu Bett brachte, blieben beide verschont.

Zehn Tage später, am 22. April 1945, kamen kanadische Truppen nach Westrhauderfehn. Zwei Tage später wurde die Mühle abends von einer Seite beschossen und ging lichterloh in Flammen auf. Ich sehe noch die Bilder, wie sich die brennenden Mühlenflügel drehten und es verkohlte Strohhalme regnete – und das alles bei wunderschönem Frühlingswetter.

Im September 1945 wurde der Schulbetrieb mit Genehmigung der Militärregierung wieder aufgenommen. Die alten Schulbücher durften nicht mehr verwendet werden. Ich wurde nicht gleich wiedereingestellt, weil ich zuletzt beim Jungmädelbund noch Führerin geworden war. Dafür hatte man mich ausgesucht, weil ich sportlich war, zur Oberschule ging und mit Kindern gut umgehen konnte. Ich wohnte zunächst bei meinen Eltern in Rhaudermoor. Ostern 1948 nahm ich an der Pädagogischen Hochschule Oldenburg ein Studium auf. Dafür musste ich zunächst eine Auswahlprüfung bestehen. Studentenwohnungen waren auch schon damals schon schwer zu bekommen. Für meine „Studentenbude" zahlte ich 20 Mark monatlich. Ich wohnte in einem Dachzimmer mit Schrägen bei netten Wirtseltern. Ich musste deren Wohnzimmer durchqueren, um in mein Zimmer zu kommen. Dort standen ein Bett, ein kleiner Tisch zum Schreiben und ein Waschtisch mit Porzellanschale und Kanne, wie man sie heute in Antiquitätenläden findet. An Duschen oder Baden war nicht zu denken. Dafür ging ich dann ab und zu ins Schwimmbad. Meine Wirtsfrau reinigte das Zimmer. Zum Frühstück aß ich Haferflocken mit Milch.

An der Uni gab es jeden Tag in der großen Pause ein Essen, zum Beispiel eine Suppe mit Nudel- oder Fleischeinlage. Die Amerikaner haben da viel für uns getan und meinten, sie dürften uns nicht verhungern lassen. Mittags konnten wir in die Mensa gehen, wo das Essen aber sehr dürftig war. Ich erinnere mich an ein Mittagessen mit Sauerkraut, in dem wir Asseln entdeckten. Wir hatten Hunger. Also legten wir die Asseln zur Seite und aßen. Meine Eltern hatten zu Hause einen Garten, den sie vollständig bewirtschafteten, also ohne Rasen und Blumen. Vor dem Haus, zur Südseite hin, waren Tomaten gepflanzt, und wir hatten auch zwei Spargelbeete. Von den freilaufenden Hühnern nahm ich manchmal Eier mit nach Oldenburg, um meine Ernährung aufzuwerten.

Während der Kriegszeit waren die Lebensmittel rationiert. Wir mussten mit Lebensmittelmarken einkaufen. Ich habe mir als Schulkind im Stillen gewünscht, dass ich in besseren Zeiten zuerst ein Schwarzbrot mit ganz dick Butter essen möchte. Auch mit den Schuhen war es schwierig. Meine Füße wuchsen ja noch, die Schuhe wurden zu klein, und neue Schuh gab es nicht. Als junges Mädchen hatte ich oft Frostbeulen an den Füßen.

Im Juni 1948, zur Währungsumstellung, erhielt jeder Haushaltsvorstand im Tausch für 40 Reichsmark 40 neue Deutsche Mark. Das nannte man Kopfquote. Im September gab es im Tausch noch einmal 20 Mark. Das Geld war wieder etwas wert, aber wir mussten wir ganz schön sparsam. Aber ich habe alles gut überstanden, und wenn ich mir die Fotos von damals ansehe, sehe ich auch nicht verhungert aus.

Mit der Studienzeit in Oldenburg begann für mich eine völlig neue Zeitrechnung. Ich war ja in der Nazizeit aufgewachsen. Mein Vater war ein Gegner der Nationalsozialisten und hat mir das auch sehr deutlich gemacht. Sonst hätte ich mich vielleicht mehr dafür begeistert. Für die Jugend wurde ja viel gemacht. Ich mochte gerne Sport, war Mitglied im Turnverein. Mein Vater war Turner bei TuRa 07 Westrhauderfehn. Ich erinnere mich an die Turnfeste mit Bockspringen und Barren. Als 1935 die Sportvereine gleichgeschaltet wurden, sagte uns unsere Übungsleiterin, sie könne nun nicht mehr weitermachen. Der Verein wurde aufgelöst. Mit zehn Jahren kam ich automatisch in den Jungmädelbund der Hitlerjugend. Vorher gab es die Möglichkeit eine „Kükengruppe“ zu besuchen. Einige meiner Freundinnen gingen dorthin. Ich bedrängte meinen Vater, bis ich einmal mitgehen durfte. Als ich zurückkam, habe ich so komische Lieder gesungen, und ich durfte nicht noch einmal mitgehen.

Zum 1. Mai musste ich im Jungmädelbund die erste Wanderung nach Holterfehn mitmachen. Ich mochte das, mir war das nie zu viel. Wir mussten uns eine Uniform kaufen. Dazu gehörte eine Hemdbluse mit kurzen Ärmeln und zwei Brusttaschen. Die Bluse hatte sechs Perlmuttknöpfe: zwei vorne, zwei an der Seite und zwei hinten. Auf den Knöpfen stand BDM. Der Rock war dunkelblau mit Falten und wurde an die Bluse angeknöpft. Dazu trugen wir eine auf Taille geschnittene Jacke mit langen Ärmeln, ähnlich einer Weste, aus weichem Stoff mit den gleichen Knöpfen und aufgesetzten Taschen. Zur Ausstattung gehörte noch ein schwarzes Strickjäckchen, genannt das „Berchtesgadener Jäckchen", mit einem Halsabschluss in rot und grün. Mein Vater war dagegen, mir eine Uniform zu kaufen. Ich bekam dann Bluse und Rock, aber zuerst nicht die Jacke. Erst als seine Mutter mit ihm schimpfte, stattete er mich ganz aus. Komplettiert wurde die Uniform durch ein schwarzes Dreiecktuch mit einem geflochtenen Lederknoten, ähnlich wie bei den Pfadfindern.

Im Jungmädelbund wurde viel Sport getrieben. Wir waren eingeteilt in kleinere Gruppen. Ich gehörte zur Gruppe Rhaudermoor/ Rhauderwieke. An den gemeinsamen Nachmittagen haben wir gespielt und gesungen. Die Nachmittage fanden immer in einer Schule statt, die ihre Räume zur Verfügung stellen mussten. Manchmal haben wir auf dem Schulhof das Marschieren im Takt geübt. Insgesamt waren die Treffen aber nicht militärisch. Wir unternehmen lange Wanderungen. Dafür fiel an einem Samstag die Schule aus. Der Weg führte zum Beispiel von Westrhauderfehn raus nach Klostermoor. Damals standen dort nur wenige Bauernhäuser. Auf den Wanderungen haben wir viel gesungen. Ich habe vor kurzem ein altes Liederbuch bei mir gefunden, und ich kann die Texte immer noch. Besonders in Erinnerung ist mir

„Wenn die bunten Fahnen wehen". Danach konnte man gut marschieren. Oder „Aus grauer Städte Mauern". Das waren unsere beiden Hauptlieder. In unserem Liederbuch standen auch nationalsozialistische Lieder wie „Heute gehört uns Deutschland und morgen die ganze Welt". An einigen Samstagen mussten wir am Untenende bei Bahns (später Nanninga und Wester Fehn, Anm. des Autors) ins Kino gehen. Da habe ich den judenfeindlichen Film „Jud Süß" gesehen. Ich erinnere mich auch an Filme über junge Kadetten in der Marienburg in Westpreußen und über U-Boot-Fahrer, die als Helden dargestellt wurden.

Einmal im Jahr fanden die Reichsjugendwettkämpfe statt. In Rhauderfehn fand das auf dem Gelände der Schule am Untenende statt. Wir Kleineren mussten 50 Meter laufen, später 100 Meter. Eine richtige Laufbahn gab es nicht, wir liefen auf Gras. Außerdem gab es Wettkämpfe im Weitsprung und Schlagballweitwurf. Die erreichten Punkte wurden addiert. Im Werfen habe ich immer so viele Punkte eingebüßt.

Im Winter sind wir auf den Kanälen in Westrhauderfehn Schlittschuh gelaufen. Dazu haben wir uns die „Breinermörkes" untergeschnallt. Das sind Schlittschuhe aus Holz mit Stahlkufen, die zuerst in Breinermoor hergestellt wurden. Beim „Schöfeln", so heißt Schlittschuhfahren auf Plattdeutsch, waren wir natürlich auch mit Jungs zusammen.

Schöfeln in Rhaudermoor.
Aufnahme 1935. Sammlung Heinze.

Wir Mädchen setzten uns an den Rand des Kanals, und die Jungen banden uns die Schlittschuhe unter. Wir hatten eine Eisbahn, da standen sich Mädchen und Jungs wie beim Tanzen gegenüber. Die Jungs forderten auf, dann fasste man sich über Kreuz und lief gemeinsam die Bahn hinunter. Mit 14 ging ich in die Tanzstunde. Da hatte ich einen Freund, der mich nach Hause brachte. In der Schule waren Jungs und Mädchen beim Spielen meistens getrennt. Die heimlichen Zettel „Willst du mit mir gehen?" und den drei Möglichkeiten zum Ankreuzen „Ja, nein, vielleicht" kannten wir auch schon.

Meinen Mann Hajo habe ich 1950 nach dem Studium kennengelernt. Da war ich 24, er ein Jahr jünger. Eigentlich kannten wir uns schon von der Schule, aber wir hatten nie gemeinsame Stunden und Pausen. Er war ein halbes Jahr eher in den Schuldienst eingetreten. Ich unterrichtete als Junglehrer in Ostrhauderfehn, er in Holterfehn. Einmal im Monat besuchten wir gemeinsam eine Arbeitsgemeinschaft an wechselnden Schulen. Wir fuhren mit dem Fahrrad dorthin, manchmal bis ins Rheiderland. Ich kann mich noch genau an mein erstes Gehalt 1950 erinnern. Das waren 165 Mark. Dafür musste ich 28 Stunden unterrichten, die Männer hatten 30 Pflichtstunden. Ich hatte eine Klasse des ersten und zweiten Schuljahres zusammen mit 55 Kindern und eine Klasse des dritten und vierten Jahres mit 50 Kindern. Ich fuhr immer mit dem Fahrrad zur Schule. Für den ersten Winter kaufte ich mir ein gutes Strickkleid der Marke Kübler für 105 Mark und einen Mantel für 108 Mark.

Es dauerte zwei Jahre, bis Hajo und ich ein Paar wurden, und weitere zwei Jahre bis zu unserer Hochzeit am 4. Juli 1954. An dem Tag wurde Deutschland Fußball-Weltmeister. Im Saal feierte man

Frisch getraut: Hajo und Wilma Jelden im Juli 1954

damals noch nicht. Alles spielte sich im Haus der Braut ab. Das Schlafzimmer im Haus meiner Eltern wurde ausgeräumt. Am Tag zuvor war Polterabend mit den Nachbarn. Am Tag der Trauung gingen wir nach der Kirche zu meinen Eltern in den Neuen Weg. Am Nachmittag gab es Tee, Kaffee und Kuchen. Abends standen Kartoffelsalat und Würstchen auf dem Tisch. Mein Mann und ich machten schon eine Hochzeitsreise. Wir hatten am Abend der Hochzeit ein Zimmer im Hotel Frisia in Leer gebucht, fuhren nach der Feier mit dem Taxi dorthin und starteten dann am nächsten Tag zur Insel Langeoog. Dort blieben wir zehn Tage.

Als Ehepaar wohnten wir zunächst oben im Haus meiner Eltern. Wir konnten die Wohnung schon ganz gut ausstatten, denn Möbel konnte man schon wieder kaufen. Wir leisteten uns die erste Ausziehcouch und ein großes Röhrenradio von Nordmende. Einen Fernseher bekamen wir erst 1967. In der Küche standen ein doppelter Herd und ein kleiner Kühlschrank, der 395 Mark gekostet hatte. Schon im Herbst 1954 kauften Hajo und ich gemeinsam mit meinen Eltern das erste Auto, einen DKW 3=6.

Über die gefahrenen Kilometer wurde zur Abrechnung genau Buch geführt. Meine Eltern bauten für das Auto eine Garage. Ich meldete mich dann gleich zum Führerschein an. Damals war eine Frau am Steuer noch etwas Besonderes. Der Autoverkäufer nahm mich in seinem Auto mit auf Kundenbesuche. Da konnte ich durch das Zuschauen lernen und durfte auch schon mal ans Steuer. Nach drei Fahrstunden Richtung Bingum und durch Leer ging es schon zur Prüfung nach Aurich. Zum Glück musste ich nicht rückwärts einparken. Nach bestandener Prüfung konnte ich dann mit dem Auto zur Schule nach Ostrhauderfehn fahren. Das Auto ermöglichte uns auch, Deutschland kennenzulernen. Die erste Reise ging an die Lahn, und ich sah zum ersten Mal den Bodensee. Einige Male haben wir auch die Vordersitze zur Liegefläche zurückgeklappt und im Auto übernachtet.

Wasserleitungen gab es in Westrhauderfehn bei unserer Heirat noch nicht, die kamen erst 1959/60. Als mein Mann und ich 1958 selbst bauten, hatten wir eine Zisterne am Haus, in die das Wasser vom Dach aus hineinlief. Das Wasser mussten wir vor dem Gebrauch erst abkochen. Während des Hausbaus ging den Handwerkern das Wasser aus, sie konnten keinen Zement mehr anrühren. Sie haben dann einen Brunnen geschlagen.

Unsere erste Tochter wurde 1956 geboren. Ich hatte jeweils sechs Wochen vor und nach der Geburt Schwangerschaftsurlaub. Eine Hilfe unterstützte mich im Haushalt. 1958 kam dann unsere zweite Tochter zur Welt, 1960 noch ein Sohn.

Ich verließ den Schuldienst für fast zehn Jahre. Mein Mann war inzwischen Rektor der Realschule und bat beim Ministerium händeringend um zusätzliche Lehrkräfte. 1969 kehrte ich zurück, unterrichtete acht Jahre an der Realschule und anschließend an der Grundschule am Untenende in Westrhauderfehn. An der Realschule gab ich überwiegend Deutsch und übernahm eine Klasse als Klassenlehrerin. Dazu kam noch Englisch, weil ich in Oldenburg die Lehrbefähigung für Englisch erworben hatte. Das machten nicht alle Studenten. Wenn mal „Not am Mann" war, sprang ich auch in anderen Fächern ein. An der Volksschule unterrichtete ich alles. Mit 58 Jahren bin ich aus dem Beruf ausgeschieden. Wir zogen nach Leer, wo mein Mann inzwischen zehn Jahre Schulrat war. Als Hausfrau hatte ich dann Zeit für mich und meine Hobbys wie das Porzellanmalen.

Das Interview mit Wilma Jelden führte Monika van Geuns im Oktober 2018. Frau Jelden verstarb im Januar 2019. Ihre besondere Verbundenheit zu Westrhauderfehn zeigt sich in ihrer letzten Bitte, anstelle von Blumen und Kränzen dem Turnverein TuRa 07 Westrhauderfehn eine Spende zukommen zu lassen. Der vorstehende Text wurde posthum von ihrer Tochter Eva im April 2019 autorisiert.

Willi Kothe | Jahrgang 1942 | Moormerland-Warsingsfehn

„Ich hatte immer Heimweh nach Ostfriesland“

Cajun. Rockmusik. Blues und Klassik. Willi Kothes Musikgeschmack deckt eine breite Spanne ab. Er kann mit Kumpels im Pütt genauso reden wie mit ostfriesischen Nabers. „Ich kenne mehr als meine ostfriesische Scholle“, sagt er selbstbewusst, und hat für Enkel Hauke sein Leben aufgeschrieben.

„Die Hierarchie in der Familie ist klar: Mein Opa Willi ist einfach Willi, mein Vater Willi ist Groot Willi, und ich bin Lüttje Willi.“ Der Familie ist „Lüttje Willi“ eng verbunden, und er weiß viel darüber zu erzählen. Zum Beispiel, wie an seinem ersten Geburtstag, fünfhundert Meter von seinem Elternhaus entfernt, der Tank eines angeschossenen Flugzeuges auf ein Haus stürzte

Geburtshaus in Warsingsfehn. Jahr unbekannt.

und eine Familie auslöschte. Oder als gegen Ende des Krieges Tiefflieger seinen Kinderwagen auf der Straße beschossen und seine Mutter mit einem Sprung in den Graben geistesgegenwärtig reagierte. Oder von Tante Christa, die in Schottland bei Lord und Lady Mountbatten in Diensten stand und ihm ein Puzzle aus Sperrholz mit dem Motiv des Passagierschiffes „Queen Mary“ schenkte. Oder von Carepaketen, die er von der Verwandtschaft aus Amerika bekam mit den ersten Wrangler Jeans und bunten Hawaiihemden.

Willi Kothes Vater stammt aus dem Ruhrgebiet. Er selbst wuchs „hochdeutsch“ als Kriegskind in Warsingsfehn auf. „Die Spielkameraden wussten das, und so war ich schon damals etwas Besonderes und wurde Stadtje genannt.“ Kindergärten gab es noch nicht. Drei Jungen und drei Mädchen trafen sich auf dem Sandpad zum Spielen. Nur hin und wieder kam ein Pferdewagen oder ein Lanz Bulldog vorbei. „Wir hatten kaum Spielzeug und spielten einfache Sachen: Wir trieben einen Fahrradreifen mit dem Stock vor uns her, spielten mit Knickern und versteckten uns im Grünkohl und in Getreidehocken“. Als Ball diente eine aufgeblasene und verknotete Schweinsblase vom Schlachter. Neben dem Spielen gab es aber auch Pflichten. „Wenn alle Nachbarn über eine Veranstaltung informiert werden sollten, musste einer rundlaufen und das bekanntgeben. Wenn Oma keine Zeit hatte, übernahm ich das. Auf Fehntjer Platt heißt das „Burrichtloopen dört heele Rott“. Ich lernte also die Nachricht auswendig und sagte sie an jeder Tür auf – vorab natürlich mit einem freundlichen Moin“.

Bei einer Erinnerung schüttelt sich Willi Kothe noch heute: „Ab und zu stellte meine Oma selbst Butter her. Durch Stampfen entstand dann ein Butterklumpen und „Karmelk“ (Buttermilch). Die wurde dann abgeschöpft und als „Karmelkbree“ (Buttermilchbrei) mit Zucker bestreut gegessen.“ Angenehm ist dagegen die Erinnerung an den Backstein, der im Backofen erhitzt wurde und dann, mit Tüchern umwickelt, im Bett die Füße wärmte. Bei Oma gab es in den Schlafkammern keinen Ofen, nur in der Küche den Stangenherd, der im Winter wie im Sommer mit Torf beheizt wurde. Auf dem Ofen stand immer ein Kessel mit heißem Wasser, bereit für ein „Koppje Tee“.

Im April 1949 wurde Willi Kothe eingeschult. „Man unterrichtete uns nach der Ganzheitsmethode. In der Fibel waren über den Worten die passenden Bilder abgedruckt. So konnte ich zu Beginn des zweiten Schuljahres lesen.“ Was dem „Lüttje Willi“ aber nur kurzfristig half: Als der Vater als Bahnbediensteter beruflich nach Bochum beordert wurde, musste Willi in

Einschulung 1949

Bochum-Langendreer zur Gemeinschaftsschule gehen. Gleich am ersten Tag sollte er an der Tafel buchstabieren. Weil er zwar ganze Wörter lesen konnte, aber einzelne Buchstaben nicht kannte, nannte ihn der Lehrer einen „Oxfriesen“ – „ein Begriff, der mich heute noch schmerzt.“ Der Vater hatte einen lauten Auftritt beim Schuldirektor, dem die Versetzung in eine Parallelklasse folgte.

Der Graben zwischen Bochum und Ostfriesland war so groß, dass Lüttje Willi in den Sommerferien mit seiner Mutter zur Oma nach Warsingsfehn fuhr. Statt die Ferien zu genießen, setzte er sich mit seinen ehemaligen Schulkameraden in die Klasse, nahm am Unterricht teil und erlernte so die plattdeutsche Sprache. So blieb der Kontakt zu seiner ostfriesischen Schulklasse immer erhalten. Bis heute wird Willi Kothe zu den Klassentreffen eingeladen.

Drachensteigen in Warsingsfehn. Aufnahme 1952.

Familienbild mit Eltern in Bochum. Aufnahme 1954.

Auch in Bochum fuhren noch vereinzelt Pferdewagen. „Wir Kinder sammelten die Pferdeäpfel mit Schaufel und Eimerchen ein und brachten sie zu den Schrebergärtnern. Dafür bekamen wir dann echte Äpfel." Da in Bochum immer viele Kinder aus den Mietshäusern auf dem Hinterhof spielten, lernte Willi Kothe neue Gemeinschaftsspiele kennen, darunter Räuber und Gendarm, Völkerball und Schlagball. Doch trotz gemeinsamen Spiels gab es einen Zwiespalt: Im Ruhrgebiet gab es rein katholische Schulen, die evangelischen Kinder mussten Gemeinschaftsschulen besuchen. „Das ging so weit, dass ein Nachbarsjunge auf dem Flur zu mir sagte, er könne nicht mein Spielkamerad sein, denn ich besäße nicht den allein selig machenden Glauben." Seitdem ist Willi Kothe sensibel gegenüber Amtskirchen jeglicher Art, „aber ich verurteile nicht den Glauben und achte jeden Gläubigen."

Auf acht Jahre Volksschule folgten Aufbaugymnasium und eine Lehre als Chemielaborant. Als Willi Kothe diesen Beruf nicht mehr ausüben konnte, „weil der Pütt dichtmachte“, verdingte er sich bei einer Autovermietung. Dort brachte er es bis zum Betriebsleiter. Doch 20 Jahre in Bochum hatten für den norddeutschen „Lüttje Willi“ nicht ausgereicht, um im Ruhrgebiet heimisch zu werden. „Wir sind in der Bochumer Zeit immer wieder mit dem Auto auf den Fehn gefahren. Ich hatte immer Heimweh nach Ostfriesland.“

So kam Willi Kothe 1969 mit seiner Frau Bärbel nach Ostfriesland zurück und gründete in Petkum mit zwei Kindern und Hund seine eigene kleine Familie. Nach drei Jahren folgte noch eine Zwischenstation in Wilhelmshaven, bevor Willi Kothe zurück nach Warsingsfehn fand. Er absolvierte ein Studium zum Betriebswirt, machte sich in der Automobilbranche selbständig. Mit 65 Jahren verkaufte er seine Anteile.

Ihre Zeit nutzen Willi und Bärbel Kothe seit den 1980er-Jahren für Wohnmobiltouren durch Deutschland und in die Nachbarländer. Kunst und Konzerte haben für beide einen hohen Stellenwert. Willi Kothe erinnert sich daran, dass er im Alter von 15 Jahren im Schauspielhaus Bochum das Abonnement seiner Oma nutzen durfte. „Ich hatte keine passende Kleidung. Aber ich habe Pablo Casals gehört und Mutter Courage gesehen.“

Zum Abschluss wird Willi Kothe noch einmal nachdenklich: „Seit 1969 hat sich am Fehncharakter viel verändert. Es gibt bedeutend mehr Häuser. Und die ostfriesische Sprache verschwindet nach und nach.“ Vor diesem Hintergrund wächst Enkel Hauke zweisprachig auf und wird immer wieder zu Kulturveranstaltungen, auch auf Plattdeutsch, mitgenommen.

Interview und Text: Detlef M. Plaisier
Portraitfoto: Stefan Wiemker

Manuela Kupper | Jahrgang 1940 | Westoverledingen-Ihrhove

„Kontakt zu finden ist ohne Verein schwierig“

Ostfriesland ist für Manuela Kupper der Endpunkt einer Reise durch alle Himmelsrichtungen Deutschlands. Ihre ersten Erinnerungen führen zurück nach Berlin in die letzten Kriegsmonate und zu den russischen Besatzungssoldaten.

Die Bilder sind noch präsent: „Wir gingen in den Hauskeller und in die U-Bahn-Tunnel, um uns vor den Fliegerangriffen zu schützen.“ Nach Kriegsende hatte Manuela Zeidler eine schwere Zeit mit ihrer Mutter. „Sie war so schwach, dass sie nicht mehr aufstehen konnte. Wir wohnten damals im russischen Sektor Berlins. Ich ging mit einem kleinen Eimerchen zu den russischen Soldaten, um für meine Mutter Essen zu holen, und ich habe auch immer etwas bekommen.“

Nach ihrer Genesung zog Manuelas Mutter mit ihr über die „grüne Grenze“ nach Wolfsburg-Ehmen zu weitläufigen Verwandten, „weil es dort mehr zu essen gab.“

Der Vater, Jahrgang 1916, war in Berlin bei der Luftwaffe stationiert und noch nicht nach Hause gekommen. Durch seinen erlernten Beruf als Kaufmann genoss er Privilegien: Die Wehrmacht schickte ihn nach Paris, um für die Offiziere Kognak zu besorgen. Für Manuelas Mutter brachte er Kleider der Pariser Couture mit. Ein Freund der Familie war Jude. Als er Deutschland verlassen wollte, finanzierte Manuelas Vater die rettende Fahrkarte nach London, indem er seine Kamera verkaufte. Als der Familienvater denunziert wurde, brachte man ihn in ein jugoslawisches Internierungslager. Er floh, kam bis nach Bayern, wo er erneut festgesetzt wurde.

Foto links: Mit den Eltern 1944
Foto rechts: Aufnahme eines amerikanischen Fotografen kurz nach Kriegsende

Einschulung 1947

1946 kehrte der Vater aus der Gefangenschaft zurück. „Es fiel meinen Eltern schwer, in „Westdeutschland" Fuß zu fassen". Die kleine Familie zog um: Von Wolfsburg nach Hamburg, dann wieder zurück nach Berlin. „Ich konnte nie feste Freundschaften schließen", erinnert sich Manuela, „wurde zehnmal umgeschult. Trotzdem bin ich nie sitzengeblieben."

Mit 15 Jahren erlebte Manuela den ersten Familienurlaub. „Wir konnten uns schon früh ein Auto leisten. Mein Vater hatte in seinem gelernten Beruf als Hotelkaufmann nur kurz gearbeitet. Nach dem Krieg stieg er um, wurde Kaufmann für Herrenoberbekleidung und führte eine eigene Filiale. Meine Mutter nähte mit eigener Nähmaschine zuhause für große Betriebe. Es ging uns gut, und so fuhren wir mit dem Familienauto bis nach Neapel."

Noch vor dem Bau der Mauer im August 1961 schaffte Manuela Zeidler in Berlin ihre Mittlere Reife. „Ich hatte die Vorstellung, irgendetwas mit Theaterkostümen zu machen. Ohne Abitur musste ich die Fachschule für Damenmaßschneiderei besuchen, um eine Stelle am Theater zu bekommen." Nach dem Abschluss stand die Mauer. Der

Vater entschied: Wir müssen in den Westen. So zog die Familie nach Düsseldorf. Manuela Zeidler fand eine Stelle bei der Landeszentralbank, weitab vom eigentlichen Berufswunsch. Ihr wurde die Möglichkeit geboten, in der neuen EDV-Abteilung einzusteigen, was allerdings eine Ausbildung in Frankfurt erforderte. „Ich war 27 Jahre alt, wohnte noch bei meinen Eltern, wir fuhren zu dritt in den Urlaub – und nun sollte ich plötzlich selbständig sein." In Frankfurt bezog Manuela ihre erste eigene Wohnung, kannte niemanden – und aus dem Job bei der Zentralbank wurde trotzdem nichts. Sie blieb der EDV treu, absolvierte eine kurze Ausbildung bei Nixdorf in Paderborn, wo sie Firmengründer Heinz Nixdorf noch persönlich kennenlernte, und wechselte dann zu Philips als Instruktorin für EDV-Schulungen in ganz Deutschland. Ihre Lebenssituation fasst Manuela Zeidler knackig zusammen: „Ein schönes Leben, eine schöne Wohnung und kein Interesse an Männern". Das änderte sich, als sie 1974 auf einer Weihnachtsfeier von Philips in der Altstadt von Düsseldorf „den Richtigen" traf. Nach sechs Wochen wurde Hochzeit gefeiert.

Ihre Entscheidung, weiter berufstätig zu bleiben und auf Kinder zu verzichten, würde Manuela Kupper rückblickend heute anders treffen. „In der Woche war ich meist unterwegs. Auch mein Mann musste als Techniker viel reisen. Am Wochenende habe ich mich um den Haushalt gekümmert. Dann streikte mein Körper." Auf ärztlichen Rat verzichtete Manuela Kupper ab 1980 auf berufliche Reisen. Doch das füllte sie nicht aus. Als sich über einen früheren Kunden in Osnabrück die Möglichkeit ergab, Programme auf andere Programmiersprachen umzuschreiben, wagte Manuela Kupper zusammen mit ihrem Ehemann den Schritt in die Selbständigkeit. „Als die Computer dann kleiner und auch teurer wurden, mussten wir für die Ausstattung ganz schön Geld in die Hand nehmen." 1981 zog das Ehepaar nach Nordrhein-Westfalen in die Nähe von Manuela

Kuppers Eltern und kaufte dort das erste Haus. „Wir hatten einen stabilen Kundenstamm, doch das reichte trotzdem nicht aus, um eine Angestellte zu bezahlen."

Manuela Kupper übernahm im Wohnort einen Laden für Dekorationsartikel und Tee mit dem kompletten Sortiment und beschäftigte zu ihrer Entlastung Aushilfen. Ihr Ehemann reiste derweil weiter als Selbständiger durch Deutschland. Zu ihrem 60. Geburtstag verkaufte Manuela Kupper den Laden. Zwei Jahre später gab ihre Nachfolgerin auf. Manuela Kuppers Mann arbeitete inzwischen als Angestellter. Seine Rente mit 63 Jahren war Anlass für einen neuen Umzug. Doch die neue Eigentumswohnung in Bad Breisig war nicht der Weisheit letzter Schluss. Ein Haus sollte es sein. „Ein freistehendes Haus konnten wir uns nicht leisten. Eine Freundin aus Nordenham empfahl Ostfriesland, dort sei es immer noch günstig." Beide reisten zum Kennenlernen in den Norden und kauften ein Haus, das sie dann renovierten. 2012 zogen sie in Ihrhove ein. „Wir fühlen uns wohl. Die Menschen hier sind offen. Freunde zu finden ist allerdings schwierig, denn wir sind keine Vereinsmenschen." Die ostfriesische Teezeremonie mit Kluntje und Wulkje klappt dafür prima.

Interview: Monika van Geuns
Text: Detlef M. Plaisier
Portraitfoto: Stefan Wiemker

Gebke Loers | Jahrgang 1937 | Uplengen-Großsander

„Einen Partner brauche ich jetzt nicht mehr“

Ich wurde 1937 in Kleinsander geboren. Als ich sieben Jahre alt war, kam der Krieg zu uns. Da setzt meine Erinnerung ein. Mein Vater war Soldat, meine Mutter und meine Cousine mussten ein Pflichtjahr machen. Die Panzer rollten ins Dorf, wo nur drei Häuser standen. Unser Haus wurde in Brand geschossen mit allen Tieren darin. Ich konnte meine Mutter abhalten, aus dem brennenden Haus noch etwas zu holen. Ein ukrainischer Arbeiter, der bei uns war, rettete noch einige Sachen. Wir hatten nichts mehr. Der Ukrainer wurde von den Soldaten mitgenommen. Wir haben nie wieder etwas von ihm gehört.

Mein Vater kam schon im Sommer 1945 unverletzt aus dem

Krieg zurück. Wir wohnten zuerst bei Nachbarn. Mein Vater fuhr zusammen mit meiner Mutter nach Remels und klopfte dort Steine von einem ehemaligen Arbeitsdienstlager ab, um für uns ein kleines Behelfshaus aufzubauen. So konnten wir im Winter in einen Raum einziehen. Als Zwischenwand zum Schlafzimmer stellten wir Schränke. Mein Bruder und ich schliefen in Feldbetten übereinander. Von Nachbarn bekamen wir drei Kühe geschenkt. Anderes haben wir uns zusammengebettelt: Steine, einen Ofen und Stroh für das Dach. Die Hamsterer aus dem Ruhrgebiet kamen selbst in unser kleines Dorf. Wir ließen sie im Kuhstall übernachten.

Während der Schulzeit mussten wir Kinder in der Landwirtschaft und auf dem Feld mithelfen, wenn der Unterricht beendet war. Es war in allen Familien normal, dass die Kinder früh eingebunden wurden. Kam ich samstags aus der Schule, musste ich die Schuhe der Familie putzen und für den Sonntag das frisch geschlachtete Huhn rupfen. Hausaufgaben erledigten wir abends. Wir waren 72 Kinder in einer Klasse, die Lehrerin war nicht besonders gut ausgebildet. Ich lief jeden Tag vier Kilometer zur Schule hin und wieder vier Kilometer zurück. Mit elf Jahren lernte ich Radfahren, hatte aber noch kein eigenes Rad. Das war mir auch ganz Recht. Umso später musste ich dann wieder auf dem Feld arbeiten. 1952 kam ich aus der Schule. Am Vormittag arbeitete ich auf dem Land meiner Eltern, nachmittags half ich den benachbarten Bauern beim Kartoffelsuchen und Rübenausziehen, um etwas eigenes Geld zu haben. Für jede Stunde bekamen wir eine Mark.

Im Jahr meiner Schulentlassung konnten meine Eltern durch ein zinsloses Darlehen für Kriegsbeschädigte ein Wohnhaus bauen.

So bekamen mein Bruder und ich jeder ein eigenes Zimmer. Wollten wir Lebensmittel kaufen, mussten wir zum Kaufmann fünf Kilometer fahren. Unsere Währung war das „Eiergeld“: Wir bekamen, was wir brauchten, und bezahlten mit frischen Eiern.

Ich wollte so gerne Schneiderin werden. Aber es gab keine Lehrstellen. So habe ich privat schneidern gelernt. In späteren Jahren brachte mir meine Schwiegermutter Stoff, den ich genäht habe. Eine Hilfe unterstützte mich beim Zuschneiden.

Hochzeit 1960

Meinen Mann lernte ich in Jübberde auf dem Feuerwehrfest kennen. Er hatte schon einen Führerschein und fuhr mit mir auf Tagestouren. 1960 haben wir geheiratet und zogen nach Großsander zu meinen Schwiegereltern. Wir bauten das bestehende Haus erst aus und errichteten dann einen Neubau. Unser erstes Kind verstarb 1961 einen Tag nach der Geburt. Knapp zwei Jahre später bekamen wir eine gesunde Tochter. 1968 kam unser Sohn zur Welt. 1969 und 1970 verstarben meine Schwiegereltern. In den letzten Jahren unterstützten wir sie bei allen Arbeiten. Nach ihrem Tod konnten

Gebke Loers mit ihrer Tochter 1974

wir dann wirtschaften, wie wir es wollten. Wir kauften noch Land dazu. 1985 verstarb mein Mann ganz plötzlich im Alter von 53 Jahren. Als mein Mann starb, habe ich noch vier Jahre die Landwirtschaft mit Hilfe meines Bruders und seinem Sohn weitergeführt. Dann habe ich das Land verpachtet und zusammen mit meinem neuen Partner auf dem Altenteil nochmal ein Haus gebaut. Wir zogen 1993 ein. Mein Partner verstarb ein Jahr später. Ich lernte noch einen neuen Partner kennen, der mich 15 Jahre begleitet hat und 2010 verstarb.
Nun bin ich allein, wie viele Frauen in meinem Alter. Einen Partner brauche ich jetzt nicht mehr. Wir Frauen treffen uns zum Frühstück, zum Stricken und Kniffeln – manchmal komme ich mit den Terminen ganz durcheinander. Dieses Jahr im Sommer gehe ich zusammen mit einer Nachbarsfrau und einer Gruppe aus Filsum auf Tour. 2018 waren wir im Böhmerwald. Aber insgesamt bin ich jetzt lieber zu Hause. Ich muss nicht mehr alles mitmachen.

Feuerwerk erinnert mich immer an die Leuchtbomben im Krieg. Ich hoffe so sehr, dass es nie wieder Krieg gibt.

Interview: Vanessa Rieken
Text: Detlef M. Plaisier
Portraitfoto: Stefan Wiemker

Theda Ulpts | Westrhauderfehn | Theresa Luikinga
Jahrgang 1922 Jahrgang 1921

„Wir sind seit Urzeiten Fehntjer Kinder"

„Da sitzt lebendige Fehngeschichte." Bernt Strenge, Vorsitzender des Heimatvereins Overledingerland, spricht mit Hochachtung von Therese Luikenga und Theda Ulpts. Wie lange sich die beiden Damen kennen, verraten sie nicht. Es mögen wohl über 80 Jahre sein. In der Teestube des Fehn- und Schiffahrtsmuseums Westrhauderfehn erzählen Therese Luikenga und Theda Ulpts, wie sie Fehngeschichte erlebt haben.

Therese Luikenga wurde am Siebenschläfertag 1921 geboren. Ob es damals geregnet hat, weiß sie nicht. Sie kam im Haus

ihrer Großmutter zur Welt und wurde als erstes Enkelkind „total verwöhnt". „Mit sechs Jahren wurde ich zu Ostern eingeschult. Krippe und Kindergarten gab es noch nicht, auf eine Schultüte mussten wir verzichten. Man erzählte uns, auf dem Dachboden der Schule stünde ein Pflaumenbaum. Zu Unterrichtsbeginn bekamen die Schüler eine Handvoll getrocknete Pflaumen."

Auf dem Schulhof stand ein Reck. „Daran übten wir Kniebeugen. Das war natürlich schwierig mit Kleidern."

Nach einem Umzug sackten Thereses Noten in der Schule am Untenende ab: keine Einsen mehr, keine Zweien, nur gut bis befriedigend und befriedigend. Folglich meinte die Mutter, so könne sie ihre Therese nicht zur Mittelschule anmelden. „Meine Eltern mussten damals noch Schulgeld bezahlen. Fehntjer zahlten 13 Mark im Monat, Auswärtige 16 Mark." Therese erwischte es gut: Nach einem halben Probejahr war sie eine der vier besten Schülerinnen.

„Meine Mutter und Großmutter sympathisierten stark mit den Nationalsozialisten und meinten, es müsse wieder Ordnung herrschen in Deutschland. Es war ja alles durcheinander. Deswegen kam ich auch sehr jung zum Jungmädelbund", erinnert sich

Therese Luikinga 1934. Aufnahme: Photo Fischer, Westrhauderfehn

Therese Luikenga. „Aber du erinnerst dich, dass wir als junge Mädel schöne Abende hatten mit Basteln und Singen?“, wirft Theda Ulpts ein. „Das war zu unserem Nutzen. Aber wir haben eben nicht gespürt, was dahintersteckte.“ An den Tag der Machtübernahme, den 30. Januar 1933, kann sich Therese Luikenga noch genau erinnern: „Am Kanal in Westrhauderfehn waren Forken aufgestellt, darauf wurde mit Petroleum getränkter Torf gespießt und angezündet. Alles spiegelte sich im Wasser, und jeder atmete irgendwie auf.“

Der Krieg, so meint Therese Luikenga, sei in Westrhauderfehn erst Ende Mai 1948 zu Ende gewesen. „Solange hatten wir Zivilpolen hier. Erst jetzt ist geglättet, was damals passiert ist. Würde man das aufarbeiten, kämen immer noch viele Emotionen hoch. Das waren auch arme Leute, und bei den meisten Fehntjern hatten es die Polen als Arbeiter gut. Und als die Polen weg waren, kam einen Monat später, Ende Juni 1948, die Währungsreform. Wir hatten buchstäblich nichts.“ Theda Ulpts erinnert sich an polnische Arbeiter als „nett, ordentlich und hilfsbereit. Von denen wollte keiner zurück nach Polen. Sie sprachen von Auswanderung nach Australien oder Kanada.“

Therese Luikenga und Theda Ulpts sprechen nicht von der großen

Theda Ulpts 1940

Weltpolitik. Ihre Erinnerungen drehen sich um die Einfachheit und Armut im Leben der Menschen, wie es sie noch in ihrer Kindheit gab. Da ist das Mädchen in der Schule, die immer allein spielt. Zu Hause haben die Eltern kein Regenwasser zur Verfügung und waschen sich mit braunem Püttwasser und grüner Seife. Das Mädchen hat keinen Kamm, und leise sagen ihre Mitschüler, sie habe Läuse. Da ist die bittere Armut der Leute im Fehntjer Süden, an die sich Therese Luikenga erinnert, als sie Doktor Visser im bitterkalten Winter im Auto auf Praxisfahrten begleitete. Da ist aber auch die Unbeschwertheit, wenn die Kinder mehrere Wochen über den zugefrorenen Kanal mit Breinermörkes schöfeln konnten. „Da wurde ein Stuhl auf das Eis gestellt, man griff sich die Lehne und lief los. So habe ich Schlittschuhlaufen gelernt“, erinnert sich Bernt Strenge. Und die Jungs waren so galant, den jungen Mädchen die Schlittschuhe umzuschnallen und festzubinden. Begegnete man als Schüler auf der Straße dem Pastor oder Lehrer, mussten Jungs die Mütze abnehmen und Mädchen knicksen. „Da hatten wir noch Respekt. Aber wenn ausreichend Zeit war, versteckten wir uns schnell hinter einer Hecke“, schmunzelt Theda Ulpts.

Einige stille Momente gibt es dann doch. Therese Luikenga erzählt von ihrer Heirat 1944 in Bad Pyrmont: „Ich war zur Kur und bekam ein Telegramm: Wir heiraten.“ Das hatte einen ernsten Hintergrund: Therese Luikenga hatte mit ihrem Willi vereinbart,

Ihre in Bad Pyrmont voll-
zogene Kriegstrauung geben
bekannt

Wilhelm Luikenga
Therese Luikenga
geb. Schulna

Westrhauderfehn
15. Januar 1944

Anzeige der Kriegstrauung, 15. Januar 1944

dass geheiratet werden solle, wenn er an die Front nach Russland beordert wird. „Er musste nach Velikiye Luki. Das war wie ein Todesurteil." Willi kam aus dem Krieg zurück. Die Ehe hatte 73 Jahre Bestand. Auf die Frage, wie sie ihren Mann kennengelernt habe, gibt Theda Ulpts eine kurze, entwaffnende Antwort – die aber wohl auf viele Fehntjer Ehen zutrifft: „Man kannte sich."

Gnadenhochzeit von Therese und Willi Luikenga, 15. Januar 2014

Therese Luikenga ist es wichtig, dass beim Fehnjubiläum 2019 auch die Rolle der Fehntjer Frauen angemessen gewürdigt wird. „Sie lebten bescheiden, und die Heuer des Mannes auf See wurde zum großen Teil gespart. Die Frauen erzogen die Kinder allein und kümmerten sich um alles rund um das Haus." Therese Luikenga hat es selbst erlebt: „Ich stamme aus einer Seemanns- familie. Meine Mutter erledigte für meinen Bruder und mich alles ohne fremde Hilfe. Einen geregelten Urlaub gab es nicht. Da ist es doch wohl mehr als gerecht, nicht immer nur über die männlichen Fehngründer zu reden."

Zum Abschluss des Gespräches, nach fast zwei Stunden, sagt Theda Ulpts: „Therese und ich haben eine Ururgroßmutter gemeinsam. Mit allen eingesessenen Familien auf dem Fehn sind wir irgendwie verbunden. Wir sind seit Urzeiten Fehntjer Kinder." Sie sagt es hörbar mit Stolz. Therese Luikenga fügt an: „Ich hatte ein reiches Leben. Ich wünsche mir nur, dass ich meinen Verstand behalte."

Interview: Bernt Strenge mit Detlef M. Plaisier
Text: Detlef M. Plaisier
Portraitfoto: Stefan Wiemker

Franz Marheineke | Jahrgang 1928 | Weener

„Die Juden, das waren doch unsere Mitschüler"

„Geistig bin ich noch weit von Demenz entfernt." Das ist mal ein Gesprächseinstieg. Franz Marheineke hat ungezählte Interviews gegeben, auf YouTube ist ein Zeitzeugeninterview eingestellt. Sein Engagement galt insbesondere dem grenzübergreifenden Projekt „Auf dem Weg von Anne Frank". Es erinnert mit Gedenkstelen auf niederländischen Bahnhöfen an mehr als hunderttausend Menschen, die in der NS-Zeit vom Durchgangslager Kamp Westerbork mit Zügen in die Konzentrationslager deportiert wurden. Auch Anne Frank fuhr mit einem dieser Züge über Weener nach Bergen-Belsen. Franz Marheineke hatte im April 2015 die Ehre, in Bad Neuschanz (Nieuweschans) das Mahnmal zu enthüllen. Seine Verbindung zum Judentum ist nicht zufällig.

Franz Marheinekes Großvater und Pate Franz stammt aus Steinbild-Kluse an der heutigen Bundesstraße 70 im Emsland. Er war Briefträger in Papenburg und wurde 1898 zum Postamt nach Weener versetzt. Sein Weg zum Austragen führte ihn täglich von Weener nach Mitling-Mark und dann mit der Fähre wieder zurück nach Weener – zu Fuß, ohne Dienstfahrrad. In Weener kam Franz Marheinekes Vater Paul im Jahr 1901 zur Welt und lernte dort Maler. Als Geselle begab er sich auf Wanderschaft durch Deutschland, kam bis zur Niederlausitz und landete schließlich im Ruhrgebiet, wo er Franz Marheinekes Mutter Emma kennenlernte. „Sie stammte aus einer Bergmannsfamilie und musste schon als Schulmädchen Loren schieben", ruft Franz Marheineke die Arbeitsbedingungen des beginnenden 20. Jahrhunderts in Erinnerung. Paul und Emma heiraten 1922. „Die Geburtsdaten meiner Geschwister kann ich mir leicht merken – immer zwei Jahre Abstand", schmunzelt Franz Marheineke: „1924, 1926, dann ich 1928 und nochmal 1930." Der älteste Bruder Paul fiel vierzehn Tage vor Kriegsende 1945 in Österreich. Und noch ein Bild taucht bei der Erinnerung auf: „Meine Mutter war sehr streng, und da gab es schon mal Haue mit dem Rohrstock".

Als Briefträger Franz in den Ruhestand ging, zog er in ein kleines Häuschen der Familie in Weener, Paul und Emma kamen ins Emsland zurück und zogen mit ein. „Mein Großvater hatte ein ganz besonderes Hobby", erinnert sich Franz Marheineke: Er strickte – von Unterhosen bis zu Pullovern und Mützen. Bauern kamen von Brual und bestellten bei ihm Selbstgestricktes. Die geschorene Wolle der eigenen Schafe wurde zum Bettenhaus Hülsebus in Weener am Hafen gebracht und gegen Wolle eingetauscht. Nach Kriegsende spann Franz Marheinekes Mutter die geschorene Wolle selbst und strickte Strümpfe für die Familie.

Ereignisse und Personen aus dem Zweiten Weltkrieg und der Kriegsgefangenschaft sind bei Franz Marheineke präsent, als sei es gestern gewesen. 1944 waren seine Mitschüler als Flakhelfer nach Wilhelmshaven eingezogen worden. Ein Lehrer der Mittelschule in Weener begleitete sie, um die Jungen zu unterrichten. Franz Marheineke war dagegen freigestellt worden für die Übernahme der „Hitlerjugend im Feuerwehrdienst“, die 1936 reichsweit geschaffen worden war.

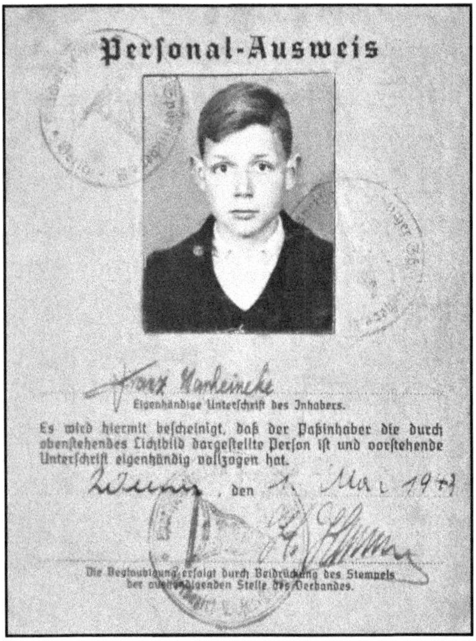
Personal-Ausweis

Franz Marheineke
Eigenhändige Unterschrift des Inhabers.

Es wird hiermit bescheinigt, daß der Paßinhaber die durch obenstehendes Lichtbild dargestellte Person ist und vorstehende Unterschrift eigenhändig vollzogen hat.

Weener, den 1. Mai

Die Beglaubigung erfolgt durch Beidrückung des Stempels der ausfertigenden Stelle des Verbandes.

Personalausweis 1943 (links) und Foto direkt nach Kriegsende 1945

Im März 1944 wurde Franz Marheineke zu einem Ausbildungslehrgang als Mannschaftsführer für Kinderlandverschickungslager an die Reichsführerschule in Lázně Poděbrady (Bad Podiebrad, damaliges Protektorat Böhmen und Mähren) einberufen. Beinahe wäre er dort nicht angekommen: Bei einem Zwischenstopp in Dresden versäumte es Franz Marheineke, auf dem Bahnhof zwei Hitlerjugendführer wie vorgeschrieben zu grüßen. Als er dann noch einen kessen Spruch führte, wurde Franz Marheineke verhaftet und in einem Keller unter dem Bahnhof mehrere Stunden von der Gestapo verhört. Er erwischte danach einen Zug Richtung Prag und traf dort auf Lehrgangsteilnehmer Richtung Lázně Poděbrady, die ebenfalls in Dresden verhört worden waren. Am Zielort traf Franz Marheineke später eine Familie Pruin aus Weener. Der Familienvater war von Norddeich Radio zum deutschen Sender Prag versetzt worden. Die Sendeanlagen standen in Lázně Poděbrady.

Die Lehrgangsteilnehmer waren in einem beschlagnahmten Gymnasium untergebracht. Lebhaft erinnert sich Franz Marheineke daran, wie er heftigen Streit mit seinen Ausbildern bekam, weil er die Thesen und Hirtenbriefe des Bischofs von Münster, Clemens August Kardinal von Galen, offen verteidigte. Überhaupt war der Glaube immer wieder Stein des Anstoßes. Der Schulleiter, der aus Oldenburg stammte, rief Franz Marheineke zu sich und verlangte, er solle aus der katholischen Kirche austreten, schließlich sei er schon religionsmündig. Franz Marheineke lehnte strikt ab.

Den letzten Fronteinsatz erlebte Franz Marheineke am Atlantikwall im dänischen Jütland. Am 17. April 1945 erfolgte der Abmarsch nach Deutschland in einem Güterzug. Im Dorf Grippel bei Lüchow-Dannenberg geriet Franz Marheineke mit seiner Gruppe in amerikanische Kriegsgefangenschaft. Was dann folgte, beschreibt er selbst als die schlimmste Zeit seines Lebens: Mit siebzehn Jahren wurde er unter unmenschlichen Bedingungen in den Rheinwiesenlagern inhaftiert, erst in Büderich bei Wesel, dann in Wickrathberg (heute Mönchengladbach). Doch es gab auch Begegnungen der Menschlichkeit, etwa als ein GI ihm eine Apfelsine schenkte. In seiner Biografie schreibt Franz Marheineke dazu: *„Erst jetzt wusste ich, wie unvorstellbar es für einen Menschen ist, der in einer heilen Welt lebt, das zu ermessen, was ein Mensch alles auszuhalten im Stande ist. Jetzt, wo die Nazis uns unsere heile Welt und die schöne Jugendzeit geraubt hatten, haben wir die Dunkelheit und den Abend in der Frühe unseres Lebens erfahren müssen.“*

Im August 1945 kehrte Franz Marheineke nach Weener zurück. Im Malerbetrieb seines Vaters absolvierte er eine zweijährige Lehre, es folgten fünf Jahre Gesellenzeit und zwei Semester mit anschließender Prüfung auf der Meisterschule in Leer. Franz Marheineke wagte den Sprung in die Selbständigkeit mit einem Ladenverkauf von Malerartikeln, Farbe, Glas und Tapeten und erweiterte dann um Porzellan und Kleineisenwaren. Das brachte ihm Ärger mit den Behörden ein, die eine Sachkundeprüfung vor der IHK verlangten. Als Franz Marheineke dann noch von den Schwiegereltern die Lebensmittelabteilung übernahm, entwickelte sich das einst kleine Ladengeschäft zu einem kleinen Kaufhaus. Als das dritte Kind in der Ehe unterwegs war und die aufkommenden Supermärkte zunehmend den Umsatz schmälerten, gab Franz Marheineke den Betrieb auf.

Ins zivile Leben fand Franz Marheineke über die Bundeswehr zurück. Wegen seiner Einberufung hatte er die Mittelschule vorzeitig verlassen müssen, doch das Abschlusszeugnis bescheinigte ihm eine erfolgreiche Mittlere Reife. Das reichte aus für eine Ausbildung zum Reserveoffizier bei der Bundeswehr. Franz Marheineke besuchte die Heeresoffiziersschule und die Führungsakademie der Bundeswehr in Hamburg und absolvierte berufsbegleitend ein Studium der Betriebswirtschaft an der Verwaltungs- und Wirtschaftsakademie Leer. Die Offiziersprüfung legte er in Lingen ab und verließ die Bundeswehr 1987 im Rang eines Oberleutnants der Reserve. Für seinen engagierten Einsatz in der Personalvertretung der Bundeswehr, insbesondere im sozialen Bereich, wurde Franz Marheineke im November 1984 vom damaligen Bundespräsidenten Richard von Weizsäcker das Verdienstkreuz am Bande des Verdienstordens der Bundesrepublik Deutschland verliehen.

Franz Marheineke in seiner Jagdhütte. Foto: Wiemker

Sein gesamtes Leben hat sich Franz Marheineke für soziale und gesellschaftliche Belange eingesetzt. In seiner Vita stehen 50 Jahre Mitgliedschaft in der CDU und der Vorsitz der Christlich-Demokratischen Arbeitnehmerschaft Ostfrieslands, 40 Jahre Arbeit im Kirchenvorstand der katholischen Kirchengemeinde St. Joseph Weener, 34 Jahre Mitgliedschaft im Gemeinde- und Stadtrat Weener, 22 Jahre als ehrenamtlicher Richter am Sozialgericht Aurich und fünf Jahre Mitgliedschaft im Kreistag und im Vorstand des Krankenhauses Rheiderland. 1993 ehrte die Stadt Weener ihren Bürger Franz Marheineke dafür mit der höchsten Auszeichnung der Stadt, der „Weener-Medaille".

Innenansicht der Weener Synagoge, etwa 1930. Quelle: www.alemannia-judaica.de

Wie ein roter Faden zieht sich durch Franz Marheinekes Leben die Verpflichtung, sich als einer der letzten noch lebenden Zeitzeugen für Verständigung und Völkerfreundschaft einzusetzen. Als Zehnjähriger hatte Franz Marheineke am 9. November 1938 vor dem rauchenden Schutthaufen der Synagoge in Weener gestanden. Er verstand nicht, was geschah: „Die Juden, das waren doch unsere Mitschüler, und wir mochten sie so gerne wie alle anderen auch, ohne Unterschied." 1925 war die jüdische Schule in Weener geschlossen worden. Die Kinder kamen an die katholische einklassige Zwergschule, in der Schülerinnen und Schüler von acht Jahrgängen gemeinsam unterrichtet wurden. 1932 besuchten sieben Jungen und vier Mädchen jüdischen Glaubens die Schule. „Wie selbstverständlich schrieben wir uns gegenseitig Sprüche in die Poesiealben." Als Kind hatte Franz Marheineke dem jüdischen Schlachter Josef Pinto beim Abholen der Kälber geholfen, die er in der Umgebung von Weener gekauft hatte. Für die Unterstützung auf dem Viehmarkt während des Michaelismarktes gab es sogar eine Aufbesserung des Taschengeldes.

Franz Marheinekes Erinnerungen an die besondere Verbindung der Stadt Weener zum Holocaust sind eindringlich:

„Jeden Dienstag kam ein „Judenzug" von Westerbork in Weener an. Bei Ankunft des Zuges wurden die Schranken am Bahnübergang vor der Firma Polak (eine Puddingfabrik, die von dem aus Groningen stammenden jüdischen Kaufmann Abraham-Isaak Polak gegründet worden war; Anm. des Autors) geschlossen, niemand durfte den Bahnhof betreten. Wir Schulkinder standen auf dem Weg zur Turnhalle der Schule vor der geschlossenen Schranke und sahen den Zug vorbeifahren. Schon von weitem konnte ich sehen, dass genau dieser Zug der „Judenzug" war. Aus den Lüftungsschlitzen, die für das Vieh bestimmt waren, sahen Leute heraus mit schwarzen Haaren und schwarzen Locken. Das waren die orthodoxen strenggläubigen Juden. Meine Mutter sagte mir, die Menschen in den Zügen würden nach Russland gebracht und dann von den Nazis erschossen. Der Zug hatte zwei Stunden Aufenthalt. Die Gestapo hatte in Weener auf dem Bahnhof ein eigenes Büro eingerichtet. Die Wachmannschaften, die den Zug begleiteten, öffneten die Türen der Viehwaggons einen Spaltbreit. Die Menschen riefen nach Wasser. Auch die Gestapo-Mannschaft patrouillierte dann am Zug entlang. Aus jedem Waggon durfte ein Häftling mit einem Zinkeimer vom Hydranten Wasser holen. Ich habe in Erinnerung, dass dies fast immer alte Leute waren. In einem Waggon waren 60 bis 70 Leute eingepfercht. Toiletten gab es nicht. Es gab bei jedem Stopp einige Insassen, die ihre Notdurft draußen verrichten wollten. Die wurden mit Schlägen der Gewehrkolben zurück in den Waggon getrieben. Manchmal mussten die Züge auf ein Nebengleis rangiert werden, weil die Durchgangszüge von Leer nach Neuschanz auf der Hauptstrecke bleiben mussten."

Im Jahr 2005 traf sich Franz Marheineke im evangelisch-reformierten Gemeindehaus in Leer mit Hannah Pick-Goslar, der letzten lebenden Freundin von Anne Frank. Das Treffen war auf Vermittlung der Bundestagsabgeordneten Gitta Connemann und des

Anne-Frank-Zentrums in Berlin zustandegekommen. 2012 wurde das Projekt „Auf dem Weg von Anne Frank“ als Zusammenarbeit des Landkreises Leer mit dem Arbeitskreis Schule sowie der niederländischen Gemeinde Oldambt und dem Erinnerungszentrum Kamp Westerbork initiiert. Grenzübergreifend wurde in fast drei Jahren Laufzeit die Geschichte um die Deportation der Juden während des Zweiten Weltkriegs für die Öffentlichkeit sichtbar aufgearbeitet. Dazu gehörten auch Mahnmale entlang der ehemaligen Bahnstrecke von Westerbork in die Konzentrationslager. Am 18. März 2015 wurden die Mahnmale in Weener, Leer und Bunde vorgestellt, am 2. April dann die Stelen in Winschoten, Zuidbroek, Hoogezand/Sappemeer und Nieuweschans enthüllt. Franz Marheineke wurde die schmerzliche Ehre zuteil, den Gedenkort in Nieuweschans freizugeben.

Treffen mit Hannah Pick-Goslar

In seiner Biografie zitiert Franz Marheineke ein Wort von Friedrich Schiller aus dem „Lied von der Glocke“, an das er bei einem Besuch in Bergen-Belsen dachte: *„Jedoch der schrecklichste der Schrecken / Das ist der Mensch in seinem Wahn.“*

Interview: Angelika Boden / Text: Detlef M. Plaisier
Portraitfoto: Stefan Wiemker

Olaf Pehrsson
Jahrgang: 1925
Leer-Loga

„Man muss nicht immer in der Mitte des Stromes schwimmen“

Seinen 20. Geburtstag hat Olaf Pehrsson schlicht vergessen. Erst als man ihm sagte, dass der Krieg seit vier Tagen vorbei sei, erinnerte er sich daran. Mit Volksschulbildung brachte er es im Nachkriegs-Deutschland bis zum Ingenieur. Was wie eine glatte Erfolgsgeschichte klingt, war eher eine Berg- und Talfahrt – und manchmal war Olaf Pehrsson daran nicht unschuldig.

Das Familienleben in der Pehrsson-Familie in Hamburg war intensiv: Die zehn Jahre ältere Schwester kippte schon mal den kompletten Schrank als Denkzettel um, wenn der kleine Bruder zu unordentlich war. „Auf der anderen Seite war sie auch stolz auf mich“, erinnert sich Olaf Pehrsson. „Als ich acht Jahre alt war, strickte sie zwei gleichfarbige Pullover und ging mit mir, dem kleinen Bruder, zum Schlittschuhlaufen." Der Vater genoss als Angestellter bei einer Versicherung Ansehen und Privilegien. Das Unternehmen ermöglichte preiswerte Sommerfrische in einer Villa an der Lübecker Bucht, „sogar mit Zimmermädchen." In der Barmbeker Drei-Zimmer-Wohnung im vierten Stock gab es dagegen nur eine Wasserstelle, aber immerhin eine Toilette. Der Balkon wurde im Sommer als zusätzliches Zimmer mit einem Teppich eingerichtet. Die traditionellen Familiensonntage wurden getrennt verbracht: Während die Mutter auf dem Sofa Zeitung las, wanderte Vater Pehrsson mit seinem Sohn durch die Natur. „Man hat mir erzählt, dass ich als Vierjähriger einmal 20 Kilometer unterwegs war. Die letzten Kilometer durfte ich bei meinem Vater auf dem Rucksack sitzen."

Zwei Gegenstände aus der Kindheit sind Olaf Pehrsson über achtzig Jahre danach noch sehr präsent: „Mein Vater war begeisterter Radiobastler. Die ersten Radiomodelle gab es mit Siliziumdetektor und einem Kopfhörer als Ausstattung." Olaf Pehrsson zeigt ein Foto, auf dem er als Knirps auf einem Korbstuhl sitzt, vor ihm ein riesiger Empfänger. Mit sechs Jahren beneideten ihn seine Spielkameraden um Comichefte, die ein Cousin aus Amerika mitgebracht hatte.

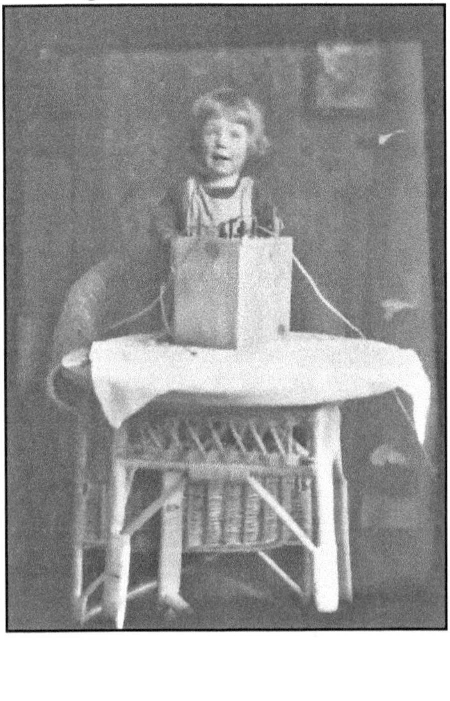

Olaf Pehrsson wurde eingeschult, als er schon fast sieben

Jahre alt war. „Ich war ab dann meist der Älteste in der Klasse, aber auch der Kleinste." Englisch zu lernen wie die anderen Schüler blieb Olaf Pehrsson verwehrt: „Ich hatte Probleme mit der Groß- und Kleinschreibung, und mein Lehrer meinte, ich solle erst Deutsch lernen. Dafür konnte ich dann eine Stunde später zur Schule kommen." Im Alter von zehn Jahren wurde er in die Hitlerjugend gezwungen. Nur widerwillig ließ er sich von einer Tante mit der HJ-Uniform einkleiden. „Die Treffen fanden immer sonntags statt, wenn ich mit meinem Vater wandern ging. Das war mir dann doch lieber. Aber in der Woche konnte ich mich nicht immer drücken. Und immer wieder hieß es: Marschieren und Soldatsein üben." Olaf Pehrsson entwickelte schon früh eine Fähigkeit, die ihm später im Beruf noch oft helfen sollte: Er lernte es, Unangenehmes zu umschiffen, und er konnte organisieren. So schaffte er es, sich vor einem HJ-Ferienlager zu drücken und konnte so die 25 Reichsmark Teilnahmegebühr behalten, die er durch Laufburschenarbeiten für ein Tapetengeschäft zusammengespart hatte. Sein Vater kaufte ihm dafür ein gebrauchtes Fahrrad.

Nach der Schule stand die Berufswahl an. „Mindestens ein Drittel der Abgänger wollte Kaufmann werden", erinnert sich Olaf Pehrsson. „Ich sagte: Ich werde Ingenieur. Meine Schulkameraden lachten mich aus. Alle Schulabgänger mussten einen Eignungstest absolvieren, und man befand, ich habe wohl technisches Verständnis. Man empfahl mir eine Ausbildung zum Maschinenschlosser." Der Lehrbetrieb lag in der Nähe der elterlichen Wohnung, Olaf Pehrsson radelte dorthin. In der Berufsschule hatte er die Möglichkeit, dreimal abends in der Woche für drei Stunden eine Aufbauklasse zu besuchen. „Wer da durchkam, konnte in die Ingenieursschule wechseln." Nach einem Jahr verlangte die Schule von Olaf Pehrsson einen Nachweis über die Mitgliedschaft in der Hitlerjugend. Ein Lehrkollege, der aktiver Hitlerjunge war, half ihm aus der Patsche und stempelte die erforderlichen Papiere.

Olaf Pehrsson schaffte die aus Kriegsgründen vorzeitige Prüfung zum Maschinenschlosser. Der Einstieg ins Berufsleben wurde durch die Einberufung zum Reichsarbeitsdienst Mitte 1943 verhindert. Wieder schnappte sich Olaf Pehrsson ein Stück vom Glück: Er wurde nach Keitum auf Sylt abkommandiert – im Hochsommer. „Wir mussten einen Flugplatz bauen. Als mich der Feldmeister fragte, ob ich seine Ordonnanz werden wolle, griff ich zu. Ich musste keine Lagerarbeit verrichten. So tat ich das Nötigste und las in der freien Zeit die Bücher des Offiziers." Zum Ausgang am Wochenende wurde im Kurhaus Jazz gespielt, was damals nicht gern gesehen war. Während des Einsatzes auf Sylt überflogen alliierte Bomber im Juli 1943 die Insel auf dem Weg nach Hamburg. Als Olaf Pehrsson nach dem Krieg zurückkehrte, stand sein Elternhaus in Barmbek noch, der gesamte Straßenzug aber war zerstört.

Kriegsweihnacht 1943. Quelle: Ausriss aus dem Bozner Tageblatt vom 24.12.1943

Im Verlauf der Militärausbildung lernte Olaf Pehrsson in Hamburg Skilaufen – mit Langlaufskiern, auf einer gelegten Spur aus Tannennadeln. Nach einem halben Jahr Ausbildung ging es an die Front. „Und wieder hatte ich Glück: Es ging in Richtung

Süden, nach Italien.“ Nettuno am Tyrrhenischen Meer, Florenz, Bologna, Rimini, Venedig – „da gab es auch schon mal ein Eis.“ Zu Kriegsende kam Olaf Pehrsson nach Schlesien und doch noch nach Russland (heute Ukraine). Er wird leiser: „Ja, meine Jugendzeit hat mir gefehlt. Und ich habe in einem zerstörten Haus in Russland auf dem Rückzug auch etwas mitgenommen.“ Was er mitnahm, sicherte ihm in der Gefangenschaft das Überleben: Ein Nahtband diente als Seil für das Wasserschöpfen aus einem Brunnen.

Die Arbeitslosigkeit nach Kriegsende überbrückte Olaf Pehrsson mit Fachlehrgängen, die über das Arbeitsamt vermittelt wurden. Er erhielt 13 Mark in der Woche als Unterstützung und musste einmal wöchentlich vorsprechen. Ein ehemaliger Lehrkollege überzeugte Olaf Pehrsson, sich zur Ingenieursschule anzumelden. „Mein Vater bürgte für mich, obwohl er selbst arbeitslos war. So bekam ich als Spätheimkehrer ein Stipendium, Geld für Lehrmittel und konnte sogar zu Hause noch etwas abgeben.“ Nach erfolgreich beendetem Studium war die Arbeitslosigkeit unter den Ingenieuren zurückgegangen. „Ich hatte keine weiteren Interessen, ich war einfach nur vernarrt in Technik“, erinnert sich Olaf Pehrsson. „Durch den Krieg hatte ich nie gelernt, selbst aktiv zu werden. So überließ ich es dem Arbeitsamt, mir offene Stellen zuzuweisen.“

Der Arbeitsweg von Olaf Pehrsson begann auf der Howaldtswerft in Hamburg, wo er nach einem Lastenheft Ausschreibungen erstellen und mit den Handelsvertretern verhandeln musste. Nach der Heirat hoffte er vergeblich auf Unterstützung der Werft bei der Wohnungssuche: „Ich stand zu weit hinten auf der Warteliste. Wer auf dem freien Markt in Hamburg eine Wohnung ergattern wollte, musste zweitausend Mark Baukostenzuschuss hinlegen. Das war verlorenes Geld und für mich ein halbes Jahresgehalt."

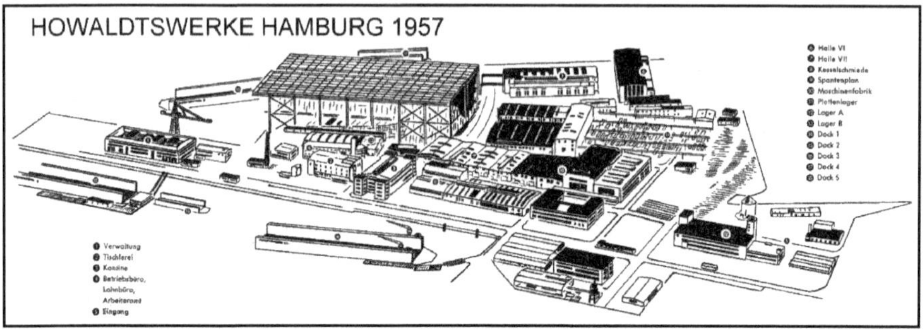

Ansicht der Howaldswerke Hamburg 1957.
Quelle: Sammlung Ralf Thorein, Bassum.

Zwei Jahren auf der Werft folgten fast fünf Jahre bei der Firma Gebrüder Laurenz in Ochtrup, einem Betrieb zur Herstellung von Textilien, als Assistent des technischen Leiters. „Wir zogen von der Großstadt Hamburg in ein katholisches Dorf – und bekamen es gleich zu spüren. Als meine Frau schwanger war, sollten wir von der Firma ein Windelpaket erhalten. Das gefiel einigen Angestellten gar nicht, schließlich seien wir ja nicht katholisch." Die Arbeit bei Laurenz war durchaus komfortabel gestaltet: Es gab für die Mitarbeiter einen firmeneigenen Kindergarten und einen kleinen Supermarkt auf dem Werksgelände. Als besonderen Luxus konnten die Beschäftigten ein Hallenbad aus der Zeit des Nationalsozialismus mit Wellen-

Olaf Pehrsson 1958

anlage nutzen. „Das diente gleichzeitig als Wasservorrat für die Produktion, wenn es mal knapp wurde“, schmunzelt Olaf Pehrsson.

Nach einer arbeitsrechtlichen Auseinandersetzung („Ich war zu stolz, um einzulenken“) startete Olaf Pehrsson bei Ludwig Povel, einem der marktführenden Nordhorner Textilunternehmen, noch einmal durch. „Da musste ich auch nachts mal raus, wenn ein Kessel oder eine Turbine defekt waren.“ Gegen Ende der 1960er-Jahre erlebte Olaf Pehrsson in der Firma die Anfänge des Umweltschutzgedankens mit: „Abwasser und Lärm waren die großen Themen. Die Weber und Spinner machten im Sommer einfach die Fenster und Türen auf, wenn es in der Produktion zu warm wurde.“ Im Oktober 1978 meldete das Unternehmen Konkurs an. Olaf Pehrsson musste sich entscheiden: „Ich wollte nicht nach Süddeutschland ziehen. Meine Kinder waren gerade im Abiturjahrgang.“ So ließ er sich überreden, eine Stelle als Geschäftsführer beim DRK zu übernehmen, „eine große Verrücktheit“, wie er rückblickend urteilt. „Ein Ingenieur ist in einen Verein fehl am Platz. Das war mir alles zu beamtenmäßig. Außerdem erwartete man von mir zusätzliche Ehrenamtsstunden am Abend, das war mir zu viel.“ Nach zwei Jahren war Schluss, und Olaf Pehrsson beantragte zum frühestmöglichen Zeitpunkt Rente. Kurz zuvor vermittelte ihm das Arbeitsamt noch ein Semester im Studiengang Technischer Betriebswirt in Osnabrück.

Nach Leer gelangten Olaf Pehrsson und seine Frau durch die Heirat der Tochter. „Warte nicht ab, bis du im Rollstuhl sitzt“, so mahnte sie, „und nun wohnen wir in einem Haus, das eigentlich zu groß für uns ist.“ Rituale hat sich Olaf Pehrsson auch mit über neunzig Jahren erhalten: Nachdem er seinen geliebten Badmintonsport durch eine Hüftoperation mit 80 Jahren aufgeben musste, stehen Kraftgymnastik und Arbeit am Rudergerät in leichten Dosen auf dem Trainingsprogramm.

Seine Lebensleistung sieht Olaf Pehrsson durchaus kritisch: „Ich war immer neugierig, aber nie wirklich diszipliniert. Dafür komme ich gut mit Dingen zurecht, die ich schon 30 Jahre besitze.“ Technische Neuerungen nutzt Olaf Pehrsson nur zurückhaltend: „Man muss nicht immer in der Mitte des Stromes schwimmen. Man kommt auch am Rand vorwärts.“

Interview: Katrin Bunke und Stefan Wiemker
Text: Detlef M. Plaisier
Portraitfoto: Stefan Wiemker

Martha Schüür | Jahrgang 1937 | Leer

„Alles in meinem Leben kam zum richtigen Zeitpunkt"

Während des Gespräches mit Martha Schüür klingelt mehrmals das Telefon. Martha Schüür stört es nicht, sie freut sich sogar: „Ich bin gerne für jeden da, der ein offenes Ohr braucht."

Schon mit 16 Jahren begann Martha Schüür eine Ausbildung als Fachverkäuferin bei der Bäckerei Dirks in Loga. Nach bestandener Prüfung verließ sie das Geschäft bald, weil ihr der Lohn zu niedrig war, und fand eine Anstellung im Buttergeschäft Hammonia in der Leeraner Mühlenstraße. „Die Butter wurde in Fässern geliefert und musste geklopft und gewogen werden", erinnert sich Martha Schüür. „Die Butterstücke wurden in Waagschalen ausgewogen, und da mussten jede Verkäuferin ganz fix im Kopf rechnen, wenn es mal zehn Gramm mehr waren. Einfach eintippen wie heute gab es noch nicht.“ Nach der Schließung von Hammonia musste Martha Schüür mehrfach die Arbeitsstelle wechseln, weil die Firmen den Betrieb einstellten. Auf Hammonia folgten so im Lauf von zehn Jahren Getränke Heitz, die Olympia Werke und Kessener Lebensmittel in der Mühlenstraße. Während Arbeitskolleginnen klagten, machte Martha Schüür der Wechsel nicht viel aus. „Ich mag Veränderungen und habe als Kind schon gesagt, man muss alles können.“ So fand Martha Schüür dann eine Stelle als Verkäuferin in der Leeraner Fleischerei Carl Müller, einer Filiale der Rügenwalder Mühle Bad Zwischenahn. Der große Vorteil: In die Fleischerei konnte Martha Schüür Sohn Holger, der 1969 geboren worden war, im Kinderwagen mitbringen. Schon Sohn Frank, geboren 1965, hatte Martha Schüür mit in die Bäckerei Dirks begleitet. Bei der Geburt beider Kinder war Martha Schüür voll berufstätig und kehrte nach sechs Wochen an den Arbeitsplatz zurück. Nachmittags versorgte ihre Mutter die Kinder. „Ich war immer in Vollzeit beschäftigt in einer Zeit, wo die Berufstätigkeit von Frauen gesellschaftlich noch lange nicht normal war. Dabei habe ich immer darauf geachtet, versichert zu sein.“

Von 1975 bis zum Renteneintritt 1995 putzte Martha Schüür in Leer im Kindergarten des Dietrich- Bonhoeffer-Hauses und in der Daalerschule, wo ihr Mann als Hausmeister angestellt war. Die enge Beziehung zum Sport, die nun über zwanzig Jahre das Leben von Martha Schüür prägt, begann direkt nach dem Ruhestand in der Sporthalle der Daalerschule. „Dabei hatte ich nie Sport betrieben. Ich habe es sogar gehasst.“ Als Sohn Frank seiner Mutter vorschlug, einen Kurs in Rücken- und Wirbelsäulengymnastik zu besuchen, willigte Martha Schüür schließlich ein. Der nächste Schritt folgte bald: Martha Schüür vertrat für eine Stunde die erkrankte Übungsleiterin beim Seniorensport. „Diese Stunde wurde zu einer Ewigkeit. Ich hatte ja vorher nicht einmal gesehen, wie das abläuft, und ich hatte auch noch nie eine Gruppe angeleitet. Aber die Teilnehmerinnen kamen von Logabirum mit dem Rad, und die konnte ich doch nicht hängenlassen."

Martha Schüür meisterte die Vertretungsstunde so überzeugend, dass die Übungsleiterin ihr vorschlug, selbst die Übungsleiterlizenz zu erwerben. Sohn Frank, der im Turnkreis Leer des Niedersächsischen Turnerbundes die Vereine betreut, mahnte seine Mutter, man werde ihr an der Schule des Turnerbundes in Melle so einiges an Lehrstoff zumuten. Doch Martha Schüür hatte schon Feuer gefangen und meldete sich an. Sohn Frank sollte Recht behalten: „Als ich das erste Wochenende nach Melle kam, waren da nur junge Leute. Abends brummte mein Kopf, ich wollte wieder nach Hause. Doch die jungen Leute meinten: Uns geht es doch genauso. Ich blieb."

Vor der Prüfung bekam Martha Schüür einen Darmverschluss. Sie umging geschickt die ärztlichen Ratschläge nach der Operation und fuhr zur Prüfung nach Melle. „Ich war von allen Prüflingen die letzte in der Reihe. Und die haben mich ohne Gnade so richtig ausgequetscht." Martha Schüür bestand, erhielt die Übungsleiterlizenz C für Breitensport und übernahm die Seniorensportgruppe. Als dann eine sechswöchige Vertretung als Übungsleiterin anstand, Martha Schüür dafür aber die Lizenz der nächsthöheren Stufe fehlte, entschied sie sich für den notwendigen Lehrgang an der Schule des Turnerbundes in Westerstede. „Mein Sohn meinte, ich sei nun völlig übergeschnappt. Ich war ja schon 70." Selbstbewusst und stolz zeigt Martha Schüür ihre Übungsleiterlizenz für Funktionsgymnastik, Gesundheitsgymnastik auf dem Hocker 60+ und präventive Wirbelsäulengymnastik. „Und wenn Ende September 2020 die Verlängerung ansteht, bin ich natürlich dabei."

Auftritt auf der Ostfrieslandschau 2012

Es verwundert nicht, dass Martha Schüür beim SV Frisia Loga eine Tanzgruppe für Senioren aufbaute, mit der sie zu Auftritten durch die Region reiste. Höhepunkt war die große Bühne auf der Ostfrieslandschau 2012. Heute zählt die Gruppe noch sechs Mitglieder und fährt einmal monatlich ins Haus ProSENIS am Julianenpark. Es wird getanzt, gesungen, gelesen. Martha Schüür organisiert das Programm und schreibt die Arrangements. Im Haus ProSENIS ist Martha Schüür gerngesehener Gast: Neben einer Tanzgruppe leitet sie dort seit zwei Jahren auch eine Rollatorgruppe, an der neben Hausbewohnern auch Mitglieder des SV Frisia mit Mobilitätseinschränkung teilnehmen. „Wir treffen uns im Café des Hauses und räumen für die Übungen die Tische zur Seite. Die Menschen sind so überglücklich und stolz, wenn sie alles mitmachen können." Eine Tageszeitung titelte dazu: „Gymnastik mit Rollator: Ü 80 macht richtig Wind." In den Gruppen, die Martha Schüür betreut, sind fast alle Teilnehmer jünger als sie. Das war nie eine Schwierigkeit. Alle vier Wochen fährt Martha

Schüür mit Teilnehmern in die Salzgrotte oder ins Thermalbad. Und Neujahrskuchen backt Martha Schüür mit den Teilnehmern auch...

Auf die Frage, was sie als Glück empfindet, gibt Martha Schüür eine entwaffnende Antwort: „Ich bin glücklich, wenn ich Leute sehe, die froh sind. Wenn Menschen, mit denen ich übe, mir so sehr vertrauen, dass sie mich zu Hause anrufen mit ihren Sorgen. Wenn Menschen in ihrer Einsamkeit darauf warten, dass ich ihnen die Hand reiche und sie ermuntere." Martha Schüür nimmt andere Menschen wahr und gibt ihnen Lebensmut. „Ich habe keine Zeit, über das Alter nachzudenken. Unsere Eltern konnten doch auch nicht alles." Einen kleinen Zettel mit einem Dank ihrer Mutter trägt Martha Schüür im Portemonnaie. „Gruß und Kuss" steht darauf. Und nach kurzem Nachdenken sagt sie: „Ja, alles in meinem Leben kam zum richtigen Zeitpunkt."

Interview: Monika Fricke
Text: Detlef M. Plaisier
Portraitfoto: Stefan Wiemker

Gregor Harm Ulsamer
Jahrgang 1945
Borkum

„Da willn ji bouwen? In de Walachei?“

Lebensläufe gibt es viele. Was prägt einen Insulaner und seinen Lebenslauf? Gibt es Unterschiede zu Menschen auf dem Festland? Mir scheint es angebracht, dieser Frage in meiner Familie nachzugehen.

Mutters Mutter Johanna „Hanni“ Loose wurde 1901 auf Borkum geboren. Ihre Eltern, Mutter Elisabeth und Vater, Schiffszimmermann Heinrich Loose aus Papenburg, waren in den 1890er-Jahren zugezogen. Sie hatten ein Haus erworben und betrieben eine Pension im Südteil des Ortes. Hanni war das vierte Kind und hatte zwei Schwestern und fünf Brüder. Beim Essen saßen die Kinder nicht am Tisch. Eine Schwester heiratete nach Bremen.

Albert Alberts Byl. Aufnahme 1920er-Jahre.

Mutters Vater Harm Byl, geb. 1900, gest. 1975, hatte eine lange Reihe an Vorfahren auf der Insel. Sein Vater Albert Alberts Byl, geb. 1863, Spitzname „Hauptmann Byl“, war Vorarbeiter im Wasserbau der Königlichen Wasserbau-Inspektion Emden gewesen und um 1905 auf dem Borkumer Leuchtturm als Hilfs-Leuchtfeuerwärter eingesetzt. 1908 hatte er ein kleines Insulanerhaus in der Süderstraße fertiggestellt, in dem die große Familie wohnte. Albert Alberts starb 1948 im Alter von 88 Jahren. Er war zuletzt 15 Jahre blind. Grauer Star war damals ein schwerer Schicksalsschlag, heute ist er ambulant zu behandeln. Ich war bei Alberts Tod drei Jahre alt und meine mich zu erinnern, dass er vor seiner Veranda in der Sonne saß.

Alberts Frau Sophie, geb. Ebeling, wurde 1863 in Emden geboren. Harm war das siebte ihrer neun Kinder, darunter drei

Albert und Sophie Byl mit Kindern, um 1907

Mädchen. Eines davon wurde nur ein halbes Jahr alt, Bruder Jan verstarb als 23jähriger Flieger im Ersten Weltkrieg in Frankreich. Zwei Jungs und ein Mädchen verließen die Insel und heirateten aufs Festland. Ein auf Borkum gebliebener Bruder verstarb 1945, seine jüngste Schwester in den 1990ern ebenfalls auf Borkum.

Harm und Hanni heirateten 1921 jung. Mutter Sophie war gegen diese Ehe gewesen. Die Byls, wenn auch unvermögend, hatten als Alteingesessene nach Sophies Ansicht einen höheren Rang auf der Insel als die Neu-Insulaner namens Loose. Dazu kam: Borkum war und ist noch heute die einzige Inselgemeinde der Nordsee mit überwiegend evangelisch-reformiertem Glauben, die Looses dagegen kamen aus dem katholischen Emsland. Die

Ehe musste katholisch getraut und das Kind, Herta, katholisch getauft und erzogen werden. Vater Harm blieb reformiert. Für alle spielten der Glaube und religiöse Erziehung eine große Rolle.

Harm hatte auf Borkum das Malerhandwerk gelernt und auch als Maler gearbeitet. Hanni wusch und bügelte für die Badegäste Wäsche und Kittelschürzen, „Kittelschguden", von den Hotels. Ende der 1920er-Jahre bauten Harm und Hanni ein kleines Häuschen in der Steinstraße: Schlafzimmer, Küche, Kabuffke (das ist ein kleiner, etwas kühlerer Vorratsraum mit Steinfußboden von etwa einem Quadratmeter Größe, denn Kühlschränke bzw. Tiefkühlschränke gab es noch nicht), dazu ein Plumpsklo. Das Häuschen stand auf einem 300 Quadratmeter kleinen Geländestück einer früheren „Steinbackerei", die der Straße ihren Namen gab. Dort zogen Harm und Hanni mit ihrer kleinen Tochter ein. Damals lag die Steinstraße am Ortsrand, heute im Kern des bebauten Ortes. Entsprechend reagierten Freunde: *„Da willn ji bouwen? In de Walachei?"*

Im Dritten Reich war Harm mit seinem Vetter Jakob Ebeling beim Roten Kreuz eingetreten und konnte sich so anderen politischen Pflichten der Nazis entziehen. Harm wurde in beiden Kriegen eingezogen. In den ersten Kriegsjahren des Zweiten Weltkrieges wurde er im Alten Leuchtturm bei einem Flakgruppenkommando (FlaGruKo) eingesetzt. Oben, in einem Raum des Turms, waren in zwei Etagen Telefonzellen eingerichtet. Hier saßen die Soldaten des Kommandos. Sie hatten anfliegende Bombergeschwader an die zahlreichen Batteriestellungen der Festung Borkum weiter zu melden.

Flakkommando im Alten Leuchtturm auf Borkum

Herta besuchte die Volksschule der Insel. Ihre Klassenlehrerin war Fräulein Elster, eine Verwandte des späteren Oberkreisdirektors zu Leer. Im Anschluss daran, Mitte der 1930er-Jahre, hatte sie ein Pflichtjahr in Dülmen abzuleisten.

Mein Vater, Gregor Ulsamer sen., wurde 1912 in dem kleinen Dorf Wirmsthal bei Bad Kissingen in Unterfranken geboren. Sein Vater Sylvester, geb. 1877, war Weißbinder. So nannte man dort einen Maler, weil dieser weiße Farbpigmente, zum Beispiel vom Kalk, mit Bindemitteln wie Leinöl vor der Verwendung zu einer Anstrichfarbe zu binden hatte. Mit seiner Frau Josephine hatte Sylvester vier Töchter und drei Jungen, Gregor war der sechste in der Reihe. Vier Kinder verunglückten in kurzer Zeit in den 1940er-Jahren tödlich. Hinter dem Haus, am Hang in dieser bergigen Gegend, hatte die Familie einen kleinen Weinberg.

Mein Vater lernte ebenfalls Maler und war Ende der dreißiger Jahre bei Frankfurt als selbständiger Malermeister und Zeichner tätig. 1940 wurde er zur Marine nach Borkum beordert. Er reiste über Emden und wurde dort, wegen seiner dunklen, lockigen Haare und seiner fränkischen Aussprache, die in Emden niemand verstand, zunächst als vermeintlicher Spion festgenommen. Auf Borkum bezog er ein Gruppenzimmer beim FlaGruKo im Marienhof. Dort lernte er seinen künftigen Schwiegervater Harm Byl kennen.

Die Kenntnisse unserer kleinen Familie hinsichtlich ihrer Vorgeschichte reichten nicht über meine Urgroßeltern hinaus. Mit den Angehörigen auf dem Festland hatten wir wegen der großen Entfernungen bei den Ulsamers wenig und bei den Looses überhaupt keinen Kontakt. Der Familiengeschichte der Byls weist inseltypische Besonderheiten auf:

Albert Feyken Byl, Albert Alberts Vater, geb. 1815, verstarb 1872 im Alter von 54 Jahren an Hirnhautentzündung. Albert Alberts war damals gerade elf Jahre alt. Albert Feyken hatte nach dem patronymischen System den Vornamen seines Großvaters mütterlicherseits, Albert J. Bakker erhalten. Albert Feyken fuhr als Matrose und Steuermann zwischen 1857 und 1861 auf verschiedenen kleineren Frachtenseglern, acht Kuffen und einer Galiot von Delzijl aus. Danach war er Fuhrmann auf Borkum. Er hatte das Haus seines Vaters Feyke Geerds Byl übernommen, das in der Kirchstraße unmittelbar neben der Pastorei und dem Alten Turm stand. Albert Feyken hatte aus erster Ehe fünf Kinder, aus einer zweiten Ehe mit Neeltje Staghouwer sechs Kinder, das zweite davon war Albert Alberts. Sieben von den elf Kindern erreichten das Erwachsenenalter.

Feyke Geerds, Albert Feykens Vater, wurde als drittes von sechs Kindern 1785 geboren. Er verlor seinen Vater als Neunjähriger. Feyke war, wie seine Vorfahren, Seemann. Er heiratete Hiske Alberts Bakker (†1864). Deren Vater Albert Jürgens Bakker (*1744 in Norden, †1808) und Großvater Jan Arents Bakker (1718 – 1784), der 1768 sein Schiff „De Visser" im Eismeer verlor, waren im 18. Jahrhundert Commandeure auf Walfängern gewesen.

Feyke verunglückte 1838 im Alter von 52 Jahren. Im Borkumer Kirchenbuch heißt es über ihn: „Steuermann, hatte das Unglück in dem Kanal auf der Höhe von Lezard von dem Bugspriet in die See zu fallen, und, da wegen des schnellen Laufs des Schiffs demselbigen keine Hülfe geleistet werden konnte, in den Wogen zu ertrinken."

Geerd Esderts Byl, Feyke Geerds Vater, geb. 1748, fuhr als 16jähriger Matrose mit dem erfolgreichsten Borkumer und holländischen Walfänger Roelof Gerrits Meyer auf dem „Vergulde Walvis" ins Eismeer nach Grönland. Er heiratete 1779 Trientje Steffens Lübben, Tochter des Commandeurs Steffen Jansen Lübben (dieser fuhr von 1751 – 1784 nach Grönland von Hamburg aus auf den Schiffen „De witte Vos", „De nieuwe witte Voss" und „De Vrouwe Maria Elisabeth"; er verlor letzteres Schiff 1784 im Orkan auf der Elbe beim Vogelsand). Geerd verunglückte und ertrank als Kapitän seines Emder Schiffes „De jonge Lukje" 1794 bei der Insel Mön in der Ostsee.

Geerd Esderts Vater Esdert Hidden war ebenfalls Schiffer gewesen. Sein Großvater Hidde Luitjes war von Schiermonnikoog nach Borkum gezogen und hatte eine Borkumerin geheiratet. Er war „ein Zimmer- und Mauermann, wie auch Schuhmacher und zur Not auch ein Barbier." Er hatte 1713 ein selbst gebautes steinernes Haus, in dem er zu dieser Zeit mit Frau und fünf Kindern lebt, mit Viehstall und zwei Kühen und einem Kalb. Hidde Luitjes trug noch nicht den Namen Bijl oder Byl, führte ihn aber wohl ein, da das „Beil“ das Handwerkszeichen seines Berufes war.

1941 heirateten mein Vater Gregor sen. und Herta auf Borkum. Der Sohn Herbert wurde 1942 geboren und machte Hanni, 40 Jahre jung, zur Oma. Es muss 1943 gewesen sein, als das Fla-GruKo umstrukturiert und fortan von jungen Marinehelfern vom Festland betrieben wurde. Großvater Harm wurde zur Ostfront abkommandiert. Er kam als Oberfeldwebel bis in den Kaukasus, schlug sich mit seiner Gruppe durch von Deutschen angelegte Minenfelder über die Krim wieder nach Westen durch und kam nach der Kriegsgefangenschaft wieder zurück auf die Insel. Mein Vater Gregor wurde zur niederländischen Nachbarinsel Schiermonnikoog versetzt. Im Frühjahr 1944 machten Gregor und Herta Urlaub in Gregors Heimat, die Herta dadurch kennenlernte.

Der Krieg holte viele Opfer. In der Steinstraße fehlte aus jedem Haus inzwischen ein Mann, der als Soldat im Krieg gewesen war. Die Zivilbevölkerung war durch Bombenangriffe auf dem Festland genauso betroffen.

Am 4. August 1944 landete ein angeschossener US-Bomber auf dem Borkumer Strand. Sieben Angehörige der Besatzung wurden von Angehörigen des Reichsarbeitsdienstes mit Schaufeln geschlagen, ehe ein unbeteiligter deutscher Soldat, dessen Familie in Hamburg umgekommen war, die gesamte Besatzung mit seiner Pistole erschoss. Oma Hanni musste diesen Lynchmord weinend mit ansehen. Einer Borkumerin, die ihr erklärte, dass eine deutsche Frau nicht um diese „Terroristen“ weine, sagte sie: *„Dien Mann sitt hier up Börkum. Miene is an de Front!“*

Nach der Invasion der Alliierten in der Normandie befürchtete mein Vater eine Invasion an der Nordseeküste. Die Familie beschloss, dass Herta mit dem Sohn Herbert und schwanger mit einem nächsten Kind, das Ursel heißen sollte, in das ruhige Wirmsthal ging, was sie auch tat.

Am 21. August 1944 traf es meinen Vater. Er ertrank vor der Insel Schiermonnikoog. In einem Bericht des niederländischen Seenotrettungsbootes heißt es: *„21.aug. 1944: De „Johan de Witt“ vaart uit om een soldaat te gaan redden die was gaan zwemmen in zee. Men kwam te laat. Bij paal 2 wird zijn lijk geborgen.“* Drei meiner unmittelbaren Vorfahren waren nun in der See ertrunken.

Herta, 22 Jahre jung, war nun mit eineinhalb Kindern Kriegerwitwe. Opa Harm war in Russland. Oma Hanni fuhr mit der Bahn nach Wirmsthal, um ihre Tochter mit dem Nachwuchs wieder nach Borkum zu holen. Sie kamen zusammen am 6. September 1944 über Emden-Außenhafen wieder zurück nach Borkum. In der darauffolgenden Nacht sahen sie von Borkum aus den Himmel über dem deutschen Festland leuchten. Emden brannte in einer Bombennacht und wurde zu 87 Prozent zerstört.

„Ursel“ kam am 25. Januar 1945 zur Welt. Ich wurde nach meinem Vater und meinem Großvater „Gregor Harm“ benannt.

Die Front rückte über Holland nach Ostfriesland vor. Nach der Zerstörung Helgolands im April und Wangerooges Anfang Mai

1945 hatten die Alliierten für den 12. Mai 1945 einen Bombenangriff auf Borkum geplant. Dieser hätte verheerende Wirkungen in der Zivilbevölkerung gehabt. Am 8. Mai kapitulierte Deutschland. Wir hatten überlebt!

Hanni war eine kleine, aber zielstrebige Frau. Mit Hilfe einiger Soldaten kultivierte sie vor dem Alten Deich an der heutigen Feldhoff-Straße, etwa gegenüber dem ersten Kolk, ein Stück Land und baute dort Gemüse, Kartoffeln, Salat, Erdbeeren und anderes an. Kuhfladen und Pferdeäpfel von der Straße verbesserten den schweren Kleiboden, der noch zehn Jahre zuvor Salzwiese gewesen war und von der Flut erreicht wurde.

Jeder versuchte, zu überleben, legte sich eine Kuh oder ein Schwein zu, Kaninchen oder Hühner. Wir hatten eine schneeweiße, saubere Ziege, die im Winter in einer Wellblech- oder Nissenhütte lebte, im Sommer tagsüber in den Dünen graste und uns mit leckerer Milch versorgte. Mittags nach der Schule hatte ich ihr einen Eimer Wasser zu bringen und sie an eine neue, noch nicht abgefressene Stelle zu bringen, wo sie an einer Kette festgesteckt war. Oma melkte sie abends. Mehrere Apfel- und Birnenbäume standen auf dem kleinen Grundstück. Im Sommer fuhr Opa mit dem Rad gelegentlich in aller Herrgottsfrühe in die Ostland-Dünen zum Sammeln der schmackhaften Inselbrombeeren (Rubus caesius); dazu benötigte man in den Fünfzigerjahren eigens eine Genehmigung, einen „Brombeerschein", der durch den Dünenwärter kontrolliert wurde. Oma setzte sich aufs Fahrrad, fuhr aufs Festland und schlug sich zu den Marschenbauern in der Krummhörn für Tauschgeschäfte, dem „Hamstern", durch.

Nach dem Krieg verdingte sich Harm Byl auf Borkum beim Wasserbauamt als Maler in der Handwerkerkolonne und bildete das Haupt seiner nun fünfköpfigen Familie. Mutter Herta, eine schiere und fixe junge Frau, arbeitete als Verkäuferin in Bäckereien, als Kellnerin im Café Schmidt und machte sich schließlich mit einer Heißmangel selbständig. In ihrem gesamten weiteren Leben war sie, wie so viele andere Kriegerwitwen ohne Partner, auf sich alleine gestellt. Das stellte wohl, neben der alltäglichen Arbeit und Sorge um sich und die Kinder, eine überaus große seelische und mentale Belastung dar, die von ihren Eltern und Söhnen kaum richtig erfasst werden konnte. Der Krieg hatte zu viele Menschen traumatisiert entlassen.

Ich erinnere mich, dass die schönste Zeit meines jungen Lebens die Jahre vor der Schulzeit warn. Ich musste nicht in den Kindergarten gehen und konnte mit den Kindern aus der Nachbarschaft auf der Straße und in den anliegenden Dünen spielen. In der Familie und mit den Freunden sprach man das schöne, vom Niederländischen stark geprägte Borkumer Plattdeutsch. In der Schule, in der Kirche und mit Badegästen sprach man ausschließlich Hochdeutsch. Die feinen Unterschiede in den Dialekten des Platt, die je nach ihrer Herkunft in den Familien gesprochen wurden und von Familie zu Familie variierten, lernten wir schon früh kennen.

Großmutter und Mutter sorgten dafür, dass die Kinder zu Ordnung und Sauberkeit angehalten, zu richtigem Verhalten erzogen wurden und eine gute Schulbildung und Ausbildung erhielten. In ihrer Freizeit beschäftigte sich Herta nach ihren Möglichkeiten mit vielfältigen Näh- und Bastelarbeiten. Aus Militärmänteln erhielten die Kinder Lodenmäntel, Kleider wurden genäht.

Schnittmusterbögen, Kreide zum Ablängen von selbstgenähten Kleidern, Strick-, Häkel- und Stickarbeiten aller Art beschäftigten sie und lenkten sie von ihrer persönlichen Einsamkeit ab.

Das Leben in der Woche unterschied sich stark von den Sonntagen. Samstags war Badetag in der großen Zinkwanne, die in die Küche gebracht und in die auf dem Küchenofen erzeugtes heißes Wasser eingefüllt wurde. Die Kinder stiegen zuerst ein, gewaschen wurde mit Kernseife, danach kamen die Erwachsenen. Sonntags wurde festliche Kleidung angelegt. Oma sorgte für den Kirchgang und prägte auch das religiöse Alltagsleben, zum Beispiel beim Tischgebet vor und nach dem Mittagessen.

Das Einkommen auf der Insel konnte durch die Badegäste verbessert werden. Um das zu erreichen und auch, um die Familie unterzubringen, wurde das Haus regelmäßig, wie bei allen Borkumer Häusern, vergrößert, aufgestockt und umgebaut. Im Winter konnte die gute Stube von der Familie genutzt werden. Im Frühjahr wurde ein Waschbecken angebracht, ein Bett aufgestellt und „de Kamer verhüürt". Die Gäste erhielten Frühstück. Stets wurde modernisiert: Gab es anfangs eine Frisierkommode mit großer Steingutschüssel und Krug sowie die gemeinsame Toilette, folgten bald ein Waschbecken mit kaltem Wasser, anschließend ein Warmwasserboiler darunter, ein eigenes, noch gemeinschaftliches Gästeklo mit Badewanne und großem Heißwasserboiler. Wir Jungen schliefen im Sommer in der frisch geweißten Nissenhütte, unser winterliches Schlafzimmer war auch vermietet. Dort war es naturgemäß kalt, bei Frost zierten Eisblumen die nicht isolierten Fenster, und zum Wärmen im feuchtkalten Bett gab es ein „Krugje" oder eine „Bollstove", wohl abgeleitet vom englischen bottle stove. Das war eine Messingkartusche der Wehrmacht, ein Zylinder von etwa acht Zentimetern Durchmesser, umgearbeitet und mit Schraubdeckel versehen. Zur Anwendung wurde heißes Wasser eingefüllt und ein Strumpf darüber gezogen, damit man sich nicht verbrannte.

Herbert und ich genossen, unter bescheidensten Verhältnissen, eine wohlbehütete Jugend in einem Abenteuerparadies. Zum Familienleben gehörte ein Radio, auf dem Opa abends um 19 Uhr auf NWDR die Nachrichten hören wollte, und die Jungens lauschten sonntags um 14 Uhr dem Kinderfunk. Die Kinder lernten als erste Worte: „Pst! De Badegasten slapen!" Nachmittags wurden die Hausaufgaben gemacht, und dann hieß es: „Rut! Gaht in de Dünen!" Borkum war nicht so stark bebaut wie heute. Allerdings war die ganze Insel, nachdem Kaiser Wilhelm II. sie 1902 zur Seefestung erklärt hatte, mit Batteriestellungen des Ersten und Zeiten Weltkrieges übersät. Diese waren 1946 durch die Engländer gesprengt worden. Ihre Ruinen bildeten einen echten Abenteuerspielplatz, der durch die Dünenlandschaft, den Bruchwald „Greune Stee", Buhnenbaustellen und die vielen hausnahen Gärten in der Nachbarschaft bereichert wurde. Die Strandkante bot ständig Überraschungen: in der Drift fand man Streichholzschachteln aus aller Herren Länder, Dry Gin-Flaschen, in die man Flaschenschiffe einbauen konnte, Schiffshandbücher wie Leuchtfeuerverzeichnisse und anderes. Wir Kinder sahen aber auch die Bergung der Leichen des Frachtdampfers „Irene Oldendorff", die am Silvesterabend 1951 im Sturm untergegangen war. Das Wasser selbst war natürlich auch unsere Welt, wenn wir dort baden gingen, wir sagten „butzelten".

Borkum war und ist noch heute die artenreichste Ostfriesische Insel mit vielen verschiedenen Lebensbereichen auf seiner kleinen

Fläche: Weiß-, Grau- und Braundünen, Wiesen und Weideland, feuchter Bruchwald mit Birken, Erlen und viel Schilf, Heidelandschaft, Salzwiesen und Watt. Keine dreihundert Meter von zuhause entfernt, in den Tälern der Süddünen, lagen fünf große, künstlich angelegte und etwa 70 cm tiefe Wasserflächen. Diese „Iesdobben" dienten den Bierverlegern als Eislieferant. Sie sägten im Winter große Eisstücke heraus und speicherten es für den Sommer in ihren Kellern. Soweit das Eis noch unberührt war, diente es der Dorfjugend zum Schlittschuhlaufen, dem Schöfeln. Im Sommer waren die Dobben dagegen die reinste Biologielehrstube. Dort gab es eine große Vielfalt an Pflanzen und Tieren: Wasserminze, Gelbrandkäfer, Blutegel, Stichlinge, Laich, Kaulquappen und Frösche und mehr. Des Weiteren konnte man dort seine einfachen Schiffchen segeln lassen oder mit selbstgezimmerten Schwimmzeugen „flötjen".

Wir lebten in einer äußerst gesunden Umwelt mit viel Bewegung an frischer Luft Wir waren sportlich fit und wurden zuhause gesund ernährt. Das Essen war „biologisch dynamisch", kam meist aus dem eigenen Garten und bestand aus leckeren Salaten und deftigen ostfriesischen Mahlzeiten. Süßwaren gab es zu besonderen Anlässen wie Ostern und Weihnachten, Nachspeisen wie eingemachte Birnen, Brombeeren oder Stachelbeeren naschten wir regelmäßig. Oma Hanni schwörte auf Homöopathie und Naturheilmethoden und las auch viel zu diesem Thema. Die Medikamente bei uns hießen Franzbranntwein, Arnika, Schüsslersalze, Zwiebel, Jod oder ähnlich. Die Familie pflegte keine Kneipenbesuche; Opa Harm rauchte gelegentlich eine Pfeife mit kleinem Kopf und Feinschnitttabak. Er liebte es, ein kleines Liedchen vor sich her zu summen, zu „nüntjen", er redete nicht zu viel und war die ausgleichende Seele des Hauses. Oma las die Borkumer Zeitung und den Kirchenboten.

Durch Opas Arbeit beim Wasserbau hatten wir Kinder häufig Gelegenheit, in Dienstgebäude zu kommen, die für die Allgemeinheit geschlossen waren: die Leuchttürme, die Signalstelle, das „Maschinenhaus" oder das Hafenmeistergebäude. Schule und katholische Kirche prägten unsere spätere Jugend. Nach den vier Jahren Volksschule gingen wir zur Mittelschule, der heutigen Realschule. Herbert musste dort 1955 noch Schulgeld bezahlen. Etliche Eltern konnten oder wollten das Geld nicht aufbringen. So erhielt die Schule den Spitznamen „Schinkenbotterbrot-Schaule". Ich hatte das Glück, dort auch Französisch lernen zu können, was in der Familie komplett neu war. In der kleinen katholischen Kirchengemeinde waren wir Ministranten. Dadurch lernten wir Latein in der „Ganzheitsmethode", also die Gebete auf Latein und Deutsch. Der „Dienst am Altar", das Vorlesen vor größerem Publikum und Jugendarbeit in der Gemeinschaft trugen zu einer ersten Persönlichkeitsbildung bei.

Im Jahr 1958, nach der zehnten Klasse, verließ Herbert mit 16 Jahren die Insel und begann in Düsseldorf eine Lehre als Maschinenbauschlosser, an die er ein Ingenieurstudium anschloss. Damit hatte Herbert den Familienbereich verlassen und war, wegen der eingeschränkten Arbeitsmöglichkeiten, für die Insel verloren. Der sogenannte „Zweite Bildungsweg", der mit dem Ingenieurstudium abschloss, war typisch für die männliche Jugend der damaligen Zeit, da ein Abitur nur mit hohem finanziellem Aufwand zu erreichen war.

Herbert und ich waren an inselgeschichtlichen Themen interessiert. Wir hatten von der „Franzosenzeit", dem „Walfang", „Klaasohm", von Leuchttürmen und anderen Dingen gehört. Da wir das alles zeitlich nicht einordnen konnten, sammelten wir

Daten und legten uns eine erste kleine Chronik an. Technische Themen interessierten mich besonders, vor allem, wenn sie im Zusammenhang mit der Schifffahrt standen. Angeregt von der Gestaltung des Deckels, mit einem Seenotretter an der Taste und dem im Januar 1952 untergehenden Frachter Flying Enterprise", wünschte ich mir schon früh einen Kasten (hergestellt in der US-Zone) mit einfachen Morsetasten, Summern, Lämpchen und Draht und telegrafierte fortan über die Straße mit dem Nachbarsjungen Peter.

Die Kosmos-Lehrspielzeugkästen „Elektromann" und „Radiomann" legten die ersten Wurzeln für meinen späteren Beruf.

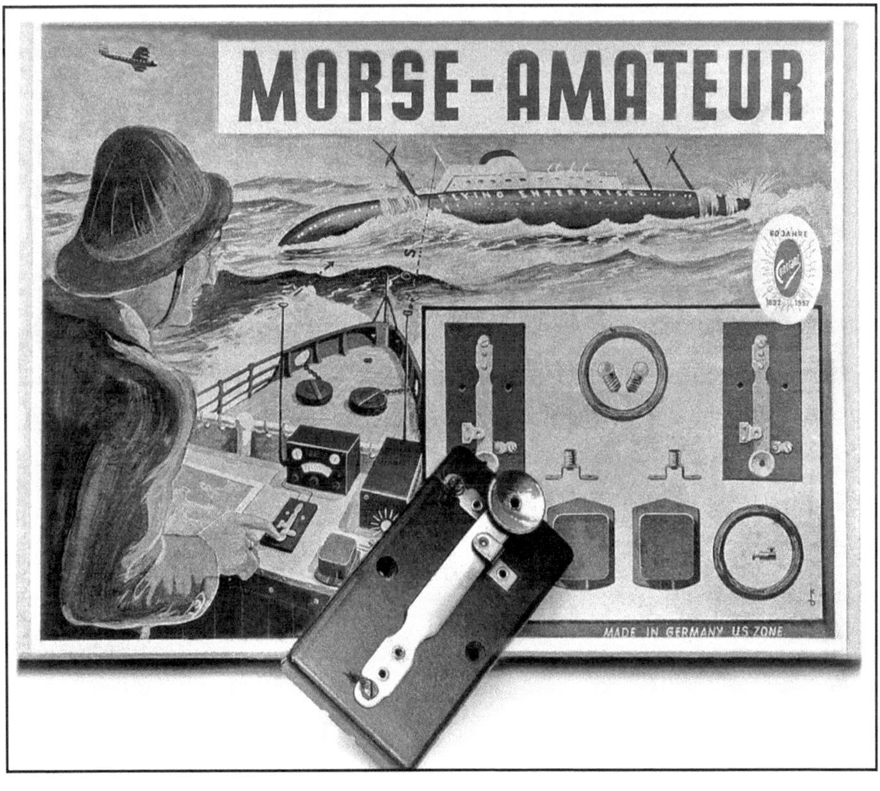

Gregor Ulsamer beim Morsen

Mit dem Detektorempfänger, mit kleiner integrierter Rahmenspulenantenne, hörte man sehr lautstark das deutschsprachige Programm der BBC, das von einem nicht weit entfernten Sendemast von Norddeich Radio abgestrahlt wurde. Der englische Akzent der Sprecher liegt mir noch im Ohr. Radiobasteln, besser gesagt eher ein Zerlegen von Geräten in Einzelteile, folgte.

Wir hatten kein Telefon, von Fernsehen war schon gar nicht die Rede. Alles andere als Briefkontakte über Borkum hinaus war exotisch. Ein Fernlehrgang „Amateurfunk – Brücke zur Welt“ führte mich in die Faszination der Nachrichtentechnik ein, für mich damals das höchste, was man als Hobby erreichen konnte. Allein die Vorstellung, ein kleines Gerät selbst zu bauen und mit einfachsten Mitteln Kontakt mit Japan aufnehmen zu können, kam für mich an die Grenzen des Vorstellbaren.

Ich baute einen kleinen Kurzwellenempfänger mit zwei Elektronenröhren und hörte die automatisch wiederkehrenden Morsetelegramm-Aussendungen von Norddeich Radio. Damit war ich in die Morsetelegrafie eingeführt und wollte Seefunk-Offizier werden. Ein älterer Borkumer, „Funker Bertus“, riet mir: *„Daar tau musst du erstmal 'n Beruf hebben, Elektriker of so wat! Dann kannst du wieder seihn!“*

In der neunten Klasse fuhren wir für eine Woche nach Aurich in die Deutsch-Niederländische Heimvolkshochschule, damals De-Pottere-Haus, heute „Europahaus“. Leiter war der spätere führende niedersächsische SPD-Politiker Joke Bruns. Elvis Presley „beherrschte“ die Tanzfläche, und der gemeinsame politische Unterricht war hervorragend. Zum Beginn der 10. Klasse bekamen wir eine neue Schülerin, Elke. Sie war ein fittes, nettes Mädchen, darüber hinaus verbanden uns Werte und Normen im katholischen Religionsunterricht. Im Laufe des Sommers stellte sich heraus, dass sie die Beste in den Bundesjugendspielen beider Borkumer Schulen war. Es war Zuneigung auf den ersten Blick! Inzwischen sind wir mehr als 50 Jahre glücklich verheiratet. Mit einer Schule in Groningen verband uns ein geregelter Klassenaustausch, bei dem Schüler beider Orte jeweils in Gastfamilien wohnten. Das werte ich noch heute als äußerst positiv – das vielleicht auch, weil Elke und ich uns in Groningen zum ersten Mal küssten...

Nach Abschluss der Schule ging ich ebenfalls nach Düsseldorf und begann dort in einem mittelständischen Betrieb, einer Nordmende-Vertretung, eine Ausbildung als Radio- und Fernsehtechniker. Möglich war diese Ausbildung, weil ich eine Kriegshinterbliebenenrente erhielt und Mutter mit ihren Einkünften beisteuerte. Zu Weihnachten brachte ich den ersten Fernseher mit nach Hause, und nach dreieinhalb Jahren schloss ich die Lehre mit Auszeichnung ab. Parallel besuchte ich abends und samstags weiterführende Kurse und erhielt zum Ende der Lehrzeit zugleich die Fach(hoch)schulreife. Gerüstet mit einigen weiteren Firmenpraktika in Metall- und Kunststoffverarbeitung und Elektromaschinenbau, absolvierte ich den Einstellungstest an der Ingenieurschule Köln. Es gab 800 Bewerber, und ich wurde als einer von 200 Studenten zum ersten Semester der Nachrichtentechnik zugelassen. Es war eine extrem harte und intensive, arbeitsame Zeit. Viel Ablenkung gab es nicht: große Sprünge konnte ich in finanzieller Hinsicht nicht machen.

Mit 22 Jahren bestand ich mein Ingenieurexamen und war gerade 23 Jahre alt geworden, als ich meine Urkunde erhielt. Acht Tage später feierten wir Hochzeit. Elke hatte inzwischen als Erzieherin in Wermelskirchen einen Kindergarten aufgebaut, den sie leitete. Es folgte eine Flitterwoche in Deutschlands Süden. Diese ging für mich nahtlos in meine erste Berufsstelle bei Rohde & Schwarz, einem führenden Hersteller von Hochfrequenz-Messgeräten in München, über. Einen Monat später, am 1. April 1968, begann der 18-monatige Wehrdienst bei der Bundesmarine. Danach zog die inzwischen um unseren ersten Sohn Thorsten erweitere Familie nach München.

Genau vier Jahre später beendete ich das Arbeitsverhältnis in München, trat eine neue Stelle als Hochfrequenz-Ingenieur beim Wasser- und Schifffahrtsamt in Emden an und zog mit unserer Familie wieder in den Norden. Inzwischen war Sohn Uwe geboren worden. Opa Harm muss es mit Stolz erfüllt haben, dass einer seiner Enkel nun als Diplom-Ingenieur beim Wasserbau angestellt war. Ich kümmerte mich in Emden um die Automatisierung der Leuchttürme und war zugleich Leiter einer Fachgruppe Nachrichtentechnik. Ich war eine Art „moderner Leuchtturmwärter". Eine vielseitigere Arbeit kann ich mir gar nicht vorstellen.

In Leer kam 1978 unser dritter Sohn Lars zur Welt. So war unsere Familie, die in einem „selbst“ gebauten Haus im Emder Vorort Wybelsum wohnte, auf fünf Personen gewachsen.

Mein als Kind gepflegtes Interesse an der Geschichte „meiner“ Insel kam mir wieder in den Sinn: 1979 wurde der Borkumer Leuchtturm 100 Jahre alt. Zu seinem Geburtstag veröffentlichte ich mein Erstlingswerk, eine Jubiläumsschrift über die Entwicklung der Seezeichen an der Ems. In der dritten Auflage, unter dem Titel „Borkums Leuchtfeuer“ erschienen, gibt es davon inzwischen 18.000 Exemplare. 1988 folgte mein zweites Buch mit dem Titel „Feuerschiff Borkumriff – Die interessante Geschichte des Nachrichtenwesens an der Küste“, das inzwischen in sechster Auflage vorliegt. Dafür hatte ich das große Glück, in den Kellern der Wasser- und Schifffahrtsdirektion in Aurich alte, unberührte Akten zu erschließen.

Auch meine Jugendträume rund um den Amateurfunk lebten wieder auf: Ich stürzte mich auf den Prüfungsstoff, trainierte Morsetelegrafie mit einem Schallplattenkurs und erhielt nach einer Prüfung bei der Oberpostdirektion in Bremen im Januar 1985 meine Kurzwellen-Amateurfunklizenz mit dem Rufzeichen DL1BFE. Im Wasser- und Schifffahrtsamt hatte ich schon zuvor das Allgemeine Seefunksprechzeugnis erworben. Amateurfunk hat mir inzwischen Freundschaften in vielen Ländern, unter anderem im Norden Russlands. Mich packte der Ehrgeiz: Ich recherchierte weiter zur Geschichte der Morsetelegrafie im deutschsprachigen Raum und schrieb darüber zwei Bücher. Mit vielen Bildern verkauften sie sich, obwohl in deutscher Sprache, an Interessenten in 35 Ländern. Beide Bücher erhielten einen

Förderpreis der Gesellschaft der Freunde der Geschichte des Funks. Ich gelte inzwischen international als der Experte für dieses Themenfeld.

Für den Amateurfunk habe ich zahlreiche herausgehobene Ereignisse organisiert, so zum Beispiel den Funkbetrieb unter dem exklusiven Rufzeichen DP0BF auf dem Feuerschiff „Borkumriff" auf der Seeposition vor der Außerdienststellung des Schiffes, ausgeführt von 16 befreundeten Funkamateuren. 1995 wählte mich der Emder „Förderverein Museum-Feuerschiff Amrumbank/ Deutsche Bucht e.V." zum Ersten Vorsitzenden. Gemeinsam gelang es uns, das Feuerschiff wieder in einen guten Gesamtzustand zu bringen, ein Trauzimmer und ein Seezeichenmuseum einzurichten und den Verein auf solide Beine zu stellen.

Im Jahr 2000 organisierte ich auf Borkum ein großes Funkjubiläum „100 Jahre erster amtlicher Funkdienst der Welt". Für den Amateurfunk wurde uns ein exklusives Rufzeichen DQ0KBM zugewiesen. Als besondere Auszeichnung genehmigte die Post für ein Wochenende den Betrieb eines klassischen Löschfunkenssenders unter dem Rufzeichen „KBM", dem früheren Rufzeichen der 1900 auf Borkum eröffneten Funkstation. Für mein Wirken für den Amateurfunk erhielt ich die Ehrennadel des Deutschen Amateurradio Clubs.

Meine Frau Elke hatte inzwischen ihre Prüfung als Gesundheitsberaterin GGB abgelegt, gab Kurse in vollwertiger Ernährung und als Fastenleiterin auch Fastenkurse. Unsere Familie wurde „artgerecht gehalten", mit leckerer, gesunder Ernährung und guter Lebensführung.
Im Jahr 2005 ging ich in den Ruhestand. Wir zogen im folgenden Jahr nach Borkum. Oma Herta, die inzwischen allein auf Borkum

lebte, freute es. Ein altes Nachbarhaus von 1929 verwandelten wir mit neuem Außenmauerwerk in ein schönes neues Inselhaus. Wir wohnen darin und vermieten zwei Ferienwohnungen.

Schon im März 2007 „schanghaite" mich der Heimatverein der Insel Borkum und wählte mich zu seinem Ersten Vorsitzenden. Mit den Erfahrungen und Kenntnissen, die ich vom Festland mitbrachte, war es mir vergönnt, viele neue Dinge anzustoßen und den Verein mit 650 Mitgliedern weiterzuentwickeln. Der Museumsbetrieb wurde gestärkt und modernisiert, die Besucherzahl stieg von 16.000 im Jahr 2007 bis auf 26.000 im Jahr 2012. Die Stadt Borkum hat ihren Neujahrsempfang wiederbelebt und begrüßt die geladenen Gäste im Museum. Während meiner

Blick in das Inselmuseum

Tätigkeit im Heimatverein entstand im Jahr 2011 eine weitere Publikation „Dünen, Wellen, Wind und mehr – Vom Kampf der Borkumer gegen die Naturgewalten."

Die Ostfriesische Landschaft führte gemeinsam mit dem Heimatverein erstmals auf einer Insel archäologische Grabungen durch, um die Frühgeschichte Borkums zu erkunden. Wir gestalteten den „Walfängerfriedhof" am Alten Turm neu und versahen ihn mit ausführlichen Informationen. Den großen, 250 Jahre alten Walknochenzaun in seiner Nähe, ein weltweit besonderer Kulturschatz, sicherten wir in seinem Bestand.

Gemeinsam mit einigen Freunden gründete ich 2007 aus dem Heimatverein heraus einen Wasserturmverein, der inzwischen 450 Mitglieder hat. Der neue Verein erwarb 2010 den Turm auf Pachtbasis und setzte ihn bis 2014 für 500 000 Euro in einem ersten Bauabschnitt wieder instand. In einem zweiten Bauabschnitt, dem Innenausbau, soll er ein Trinkwassermuseum und -informationszentrum erhalten.

Wasserturm auf Borkum

Von 2011 bis 2013 wurde aus den Finanzmitteln zweier Konjunkturpaketen der Bundesregierung die Wandelbahn auf der Strandpromenade von Grund auf instandgesetzt. Weitere Baumaßnahmen musste die Stadt Borkum selbst finanzieren. Dazu gehörte der Neubau eines Nordsee-Aquariums, in dessen Planung ich mich einbrachte. Ich initiierte einen „Freundeskreis Nordseeaquarium e. V.“, der den Betrieb des Aquariums begleiten und dessen Qualität sichern sollte. Das Aquarium ist für Gäste und Insulaner ein echter Gewinn und zählt 33.000 Besucher im Jahr. Es bietet Informationen über Borkums Meereswelt, die uns normalen, über dem Wasser lebenden Menschen ansonsten verborgen bleibt.

Nach der „Vollbeschäftigung“ als Vorsitzender des Heimatvereins blieb mir ab 2012 mehr Zeit, mich mehr um die Pflege meiner über 90jährigen Mutter zu kümmern. Sie lebte rund fünf Jahre in unserem Haushalt. 2017 erschien ein weiteres Buch über die Bedeutung des Walfangs für die Insel Borkum. Ich würdige damit die mehr als hundert Borkumer, die als Commandeure auf Walfängern im 18. Jahrhundert nach Grönland fuhren.

Es dauerte fast fünf Jahrzehnte, bis meine Kritik an der katholischen Religion und der Institution Kirche soweit gewachsen war, dass ich mich zu einem Austritt entschloss. Auf Borkum stellte ich fest, dass die Ökumene der Christen hier so positiv gelebt wird, dass es keine Rolle spielt, ob man reformiert, lutherisch, katholisch, Muslim oder konfessionslos ist. Vor wenigen Jahren sind wir als Ehepaar der reformierten Gemeinde beigetreten.

Insulaner zu sein ist eine besondere „Identität“. Das behaupten nicht nur die auf einer Insel Ansässigen. Auch die Auswärtigen, die „Butenbörkumer“, wissen dies zu schätzen. Sie sind mit „ihrer“ Insel verbunden und kommen darum häufig hierher. Einem Ruheständler, der genug vom Festland gesehen hat und

Gregor Ulsamer mit Enkel Ole

zurückkommt, bietet das Leben unzählige Vorteile: eine insulare Gemeinschaft in einem Ort mit einer großen lokalen Kulturgeschichte, einen ungewöhnlichen Lebensraum mit sauberer Luft, sauberem weißem Strand und klarem Meerwasser, einen Reichtum an Pflanzenarten im Nationalpark und Vögeln im Weltnaturerbe Wattenmeer, viele Sonnenstunden, klares und unverschmutztes, inseleigenes Trinkwasser, kurze Wege für Einkäufe oder Zusammenkünften, dazu für Gäste gute Kulturangebote, die von den Einwohnern mit wahrgenommen werden können. Es bietet jedem hier Lebenden zahllose Möglichkeiten, sich irgendwo ehrenamtlich einzubringen, und selbst die Polizisten leben hier „in einer paradiesischen Welt".

Text: Gregor Ulsamer
Portraitfoto: privat

Jan-Dieter van Hoorn | Jahrgang 1940 | Bunde

„Die Bereitschaft zu ehrenamtlicher Tätigkeit geht zurück"

„Als mein Vater aus dem Krieg zurückkam, war er für mich ein Fremder." Mit neun Jahren sah Jan-Dieter van Hoorn seinen Vater zum ersten Mal bewusst. Seine Eltern hatten noch vor Kriegsbeginn 1939 geheiratet, der Vater war als Soldat in Frankreich und Russland im Einsatz. Nach der Gefangennahme in Russland musste er dort unter anderem in einem Bleibergwerk arbeiten. Ein Bild steht Jan-Dieter van Hoorn noch klar vor Augen: „Bei seiner Rückkehr trug mein Vater eine Fufaika, eine dicke abgesteppte Wattejacke."

Jan-Dieter van Hoorn besuchte die Volksschule in Bunde und wechselte dann zur Realschule in Weener, die er mit der

Dieses Bild trug der Vater von Jan-Dieter van Hoorn in den Kriegsjahren und während der vierjährigen russischen Kriegsgefangenschaft bei sich.

Mittleren Reife abschloss. 1957 schloss sich nach einer Verwaltungslehre eine Ausbildung für den gehobenen allgemeinen Verwaltungsdienst beim Landkreis Leer an. 1973 wurde Jan-Dieter van Hoorn zum stellvertretenden Samtgemeindedirektor von Bunde gewählt, 1987 dann zum Samtgemeindedirektor. Sein Dienst endete zum 31. März 1999.

Foto rechts: Jan-Dieter van Hoorn im Jahr 1948 mit seinem ersten neuen Anzug. Das Holzgebäude im Hintergrund ist der erste Kindergarten von Bunde.

Seit 1975 ist van Hoorn Mitglied des Vereins für Körperbehinderte. Nach dem Tod der bisherigen ersten Vorsitzenden Helene Junker im Sommer 1998 trat der Vorstand mit der Bitte an ihn heran, den Vorsitz des Vereins zu übernehmen. Im Herbst 1998 wurde van Hoorn von der Mitgliederversammlung zum 1. Vorsitzenden gewählt. „Zu Hause gab es volle Unterstützung durch die Familie. Die war froh, dass ich nach meiner Pensionierung eine sinnvolle Aufgabe gefunden habe“, lacht Jan-Dieter van Hoorn.

Gründer der ersten Stunde (von links): Erich Weelborg, Edith Huisinga und Jan-Dieter van Hoorn.

2007 kristallisierte sich die Notwendigkeit heraus, in Bunde in der Nähe der bestehenden Wohnstätte für Körperbehinderte eine Tagesförderstätte zu errichten. Das war auch der Wunsch vieler Eltern. Die Errichtung der Tagesförderstätte erfolgte in Zusammenarbeit mit der damaligen Spastikerhilfe in Leer (heute Lern- und Förderzentrum am Deich). 2012 konnte die Tagesförderstätte in Betrieb genommen werden. Dort ist van Hoorn stellvertretender Vorsitzender. Daneben gehört er dem Vorstand der Diakoniestation Bunde/Jemgum an. Die Kontakte aus der Tätigkeit als Gemeindedirektor kann van Hoorn zum Nutzen des Vereins für Körperbehinderte immer wieder aktivieren. „Die Struktur des Vereins ergibt zwangsläufig enge Kontakte zu kommunalen

Einrichtungen und Landesbehörden. So müssen zum Beispiel mit dem Landesamt für Soziales, Jugend und Familie Verhandlungen über Leistungsentgelt geführt werden."

Die Vereinsarbeit lebt überwiegend von ehrenamtlicher Tätigkeit, zum Beispiel durch die wöchentliche Teestube, durch verschiedene Basare, Staudenbörsen und Flohmärkte. „Die Aktivitäten unserer Regionalgruppen und der Unterhalt unserer beiden Begegnungsstätten müssen aus den Erlösen dieser Veranstaltungen finanziert werden", erklärt van Hoorn. „So unterhält der Verein zwei behindertengerechte Fahrzeuge, mit denen unsere Mitglieder zu den Veranstaltungen der einzelnen Regionalgruppen gebracht werden."

Leider sei festzustellen, dass die Bereitschaft zu ehrenamtlicher Arbeit auch im Verein für Körperbehinderte zurückgehe, beklagt van Hoorn. „Man will sich heute nicht mehr binden. Doch Ehrenamt muss verlässlich sein. Übrigens sind Männer bei der ehrenamtlichen Mitarbeit klar in der Minderzahl." Rückläufig sei auch die Mitgliederzahl, die sich seit der Gründung des Vereins etwa halbiert habe. „Mitglieder der ersten Stunde sind vielfach verstorben. Und auch die Angehörigen der Bewohner zeigen oft kein Interesse an der Vereinsarbeit." Das Verständnis für die Probleme behinderter Menschen in der Politik habe sich dagegen erfreulich verbessert. 1993 war die Gemeinde Bunde Landessieger im Wettbewerb „Leben im Alter – Leben mit Behinderung". Das war auch das Ergebnis einer guten Zusammenarbeit zwischen der politischen Gemeinde und dem Verein für Körperbehinderte.

Unangenehme Situationen habe es im Laufe seiner ehrenamtlichen Tätigkeit immer mal wieder gegeben, insbesondere bei

Personalentscheidungen. „Manchmal fragt man sich dann, warum man sich das alles antut. Und dann kommen Momente, die diesen Zweifel schnell wieder beseitigen, zum Beispiel, wenn Bewohner der Wohnstätte ihre einstudierte Rolle bei der Adventsfeier gemeistert haben und darauf stolz sind. Dann ist alles vergessen."

Zum Jahreswechsel backt Jan-Dieter van Hoorn Speckendicken für die Familie, die ehrenamtlicher Helfer und die behinderten Schützlinge.

Interview: Frank Schüür
Text: Detlef M. Plaisier
Portraitfoto: Stefan Wiemker

Ernst Windemuth
Jahrgang 1933
Leer-Loga

„Da muss ich erst 85 Jahre alt werden, um einmal Trauzeuge zu sein"

Der Start ins Leben war für Ernst Windemuth alles andere als komfortabel: Als Elfjähriger wurde er mit seinen Eltern in Emden ausgebombt und harrte mehrere Wochen in einem Bunker aus, bevor er nach Leer umzog. Dort wohnte die Familie lange in einem Behelfsheim. Heute, fast siebzig Jahre später, zeichnet ein Charakterzug Ernst Windemuth besonders aus: Er hat Durchhaltevermögen. In seiner bisherigen Lebensbilanz stehen stolze 65 Jahre Sport mit Fußball, Kegeln und Tennis und über 20 Jahre Karneval mit einer Session als Prinz. Da verwundert es nicht, dass er mit seiner Ehefrau Anneliese schon die Diamantene Hochzeit feiern konnte – auch wenn er beim ersten Kennenlernen einen Freund vorschickte.

Hochzeit Anneliese und Ernst Windemuth

Montagabend auf dem Logaer Schützenfest: Ernst Windemuth steht mit Kumpels an der Theke. „Wenn die Kapelle aufspielte, wollten wir tanzen." Er ist 20 und wirft ein Auge auf Anneliese. „Da habe ich meinen Kumpel Hero vorgeschickt. Er sollte herausfinden, ob sie überhaupt tanzen konnte." Sie konnte. Von da an traf man sich regelmäßig, zuerst heimlich auf halber Strecke, weil Annelieses Eltern nicht begeistert waren von ihrer Herzenswahl. Drei Jahre später wurde geheiratet. Beide lebten noch ein Jahr bei den Eltern, dann bezog man die erste gemeinsame Wohnung in Loga.

Da wusste Anneliese schon, dass ihr „Erni" ganz schön sportlich unterwegs ist. Mit 18 Jahren hatte sich Ernst Windemuth für aktiven Fußball beim VfR Heisfelde entschieden. „Manchmal war Anneliese mit auf dem Platz, oder sie wartete schon zu Hause bei meinen Eltern auf mich." Erni spielte in der gesamten Ehezeit: Erst Junioren, dann Erste und Zweite Mannschaft, schließlich Alte Herren. Weil die Alten Herren beim Schlusspfiff nur selten als Sieger vom Platz gingen, gründete Ernst Windemuth kurzerhand eine Ü60-Mannschaft als Spielgemeinschaft aus Heisfelde, Loga und Nüttermoor, die es heute noch gibt. Die Elf trainiert von März bis Oktober auf Kunstrasen und während der Winterzeit in der Sporthalle Nüttermoor. Für die nicht mehr aktiven Senioren managt Ernst Windemuth seit mehreren Jahren die Ü60 Senioren. „Da geht's um Geselligkeit. Wir unternehmen gemeinsam Ausflüge, boßeln und feiern mit unseren Frauen." Im Fußballbereich war Ernst Windemuth in Heisfelde insgesamt 38 Jahre Spielführer. Und so ganz nebenbei kommen noch sieben Jahre als zweiter Vorsitzender der Tennisabteilung und sieben Jahre Platzwart hinzu.

Fußballerehrung 1979. Ernst Windemuth rechts mit Blumen.

Doch da gibt's noch eine dritte sportliche Leidenschaft über die Jahrzehnte: Mehr zufällig wurde Ernst Windemuth für eine Kegelrunde von Mitarbeitern der Sparkasse ausgewählt, der die Sportskameraden ausgingen. Erni wurde nach vier Gastbesuchen einstimmig aufgenommen, und schnell erkannten die

Kegler seine Erfahrung. Gemerkt, getan: Ernst Windemuth ist jetzt 40 Jahre Präsident vom „Kegelclub S“. Noch immer trifft man sich einmal monatlich in der Leeraner Szene-Kneipe „De Pütt“. Zusätzlich rief Ernst Windemuth einen Kegelclub für Ehepaare ins Leben, der genau 30 Jahre bestand. Natürlich war Erni durchgehend dessen Präsident...

Anneliese II. und Ernst I.

Man darf Ernst Windemuth nicht nur als „Herr Präsident“, sondern auch mit „Eure Hoheit“ grüßen. Spricht man ihn auf seine Zeit als Prinz beim Karnevalsverein KdV Lila-Blau Rhauderfehn an, blitzen die Augen. Natürlich war Anneliese in der Session 1994/95 an seiner Seite. Der Kontakt zum Karneval entstand, als Ernst Windemuth im Hotel Nanninga (später Wester Fehn) am Untenende im Saal kellnerte. Aus dem ersten Kennenlernen entstanden zwölf Jahre aktive Mitarbeit als Sprecher des Elferrates. „Über das Jahr hinweg sind Jecken ein ganz normaler Verein“, erklärt Ernst Windemuth. „Aber ab November bis Aschermittwoch ist man dann fast jedes Wochenende unterwegs.“

Die Regentschaft führte zu Auftritten in der Region, so nach Neermoor und Ramsloh, aber auch bis nach Oldenburg, Bremen und

Koblenz. „Die Koblenzer kamen drei Tage zu uns, wir machten dann einen Gegenbesuch. Ich habe mich sogar ins Goldene Buch der Stadt eingetragen. Und im Bremer Weser-Stadion durften unsere Tanzmariechen vor vollbesetzten Tribünen auf der Laufbahn tanzen." Der weiteste Ausflug ging zum Karneval nach Alsleben/ Saale in Sachsen-Anhalt. Die Narren aus Rhauderfehn bauten einen Karnevalswagen und nahmen ihn auf einem Tieflader mit. „Wir fuhren im kleinen Umzug mit 15 Festwagen durch die Stadt und warfen zwei Zentner Bonbons. Das war schon eine kleine Sensation." Billig war das alles nicht, erinnert sich Ernst Windemuth. Einmal habe das Prinzenpaar Anneliese II. und Ernst I. für alle Teilnehmer einer Veranstaltung 150 Lebkuchenherzen bestellt und beschriften lassen. „Wir mussten auch als Prinzenpaar den Eintritt selbst zahlen. Aber wir haben diese Zeit nie bereut."

Alle sportlichen Höhepunkte der letzten Jahrzehnte verblassen gegenüber einer angenehmen Pflicht: Ernst Windemuth ist Trauzeuge bei seiner Enkelin Selina. „Da muss ich erst 85 Jahre alt werden, um einmal Trauzeuge zu sein", lacht Ernst Windemuth – und strahlt.

Interview: Hauke Sattler
Text: Detlef M. Plaisier
Portraitfoto: Stefan Wiemker

Bodo Wolters | Jahrgang 1946 | Leer

„Radeau, Radeau, raditjes doe / de Stadt, de hört de König toe“

Der erste Weg bei meinem Besuch führt ins Arbeitszimmer. Wir stehen in der Herolds-Ecke. Bodo Wolters beginnt zu erzählen: von der Geschichte des Gallimarktes und der Herold-Tradition, von seinen Begegnungen als Ausrufer… Ich merke schnell: Da redet einer mit Herz und Seele über den Gallimarkt und seine Heimat.

Mit zehn Jahren durfte Bodo Wolters zum ersten Mal auf den Gallimarkt. Daran erinnert er sich:

Die Herolds-Ecke bei Bodo Wolters

„Woran denk wie dor woll to erst an... seeker doran, as man als Kind dat erstemal hen west het! Ik bün dor ton erste Mal so um 1956 hen west.

Doch erst mal heel kört wat to mi sülmst. Geboren bün ik 1946 in Westerstede. 1955 bün ik as negenjohrich Jung nah Coldam hen kommen, denn min Modder was krank worn und do kwem min Süster und ik nah Grootolln und min lütje Tant Dina hen. Vadder har wie ok net mehr. Min ollede Süster und Broer bleben in uns Wohn in Westerstede. In Februar 1956 is mi Modder dan stürm. So wur Coldam un dat Rheiderland van dor an min Heimat.

Nau School in Bimm lep wie hen und as dat do Harst wur, prode man over de Gallmarkt in Leer, de en ov anner wus dor rover heel vööl to vertelln. Ok bi Oma und Opa wur over den Markt in Stadt *proot, over de groode Veehmarkt un den Markt mit Buden und Karussells, minnen int Oltstadt. Wi wurd`n dann dat ok wis, dat uns lütje Tant mit uns an Gallmarkt-Dönnerdag, wenn de Lüh fand Land na Markt gungen, ok mit Bus hen forn wull. Gallmarkt-Dienstag, dat weet ik noch, truken domal´s de Buurn to Foot, mit Peer und Keuje an Coldam vörbi naut Veehmarkt in Leer up Nesse hen.*

Man do was dat sowiet: Oma har ok Gallmarktsgeld vör uns up spoort, und ik wet noch, dat ik ein groode Taschendook kreg und Oma mi dor bitje Geld up leegte tosamen knüpte und se, „dit is dien Gallmarktsgeld und dor dürst du die wat vör koopen - of mol in Mallmöhl fohr." Ick wüss gornich wat ik seggen sull. Dat wachten up den Oni-Bus dürde wall Stünden hep ick ment, un as de erste und twede Bus an uns vorbi forde, wall de so vull van Minschen wern, de nau de Stadt wulln, stun mi dat bladen in Gesicht. Man do blev dann een Bus stan und nam uns mit.

Ok dat, wer ja een Belewnis, de Bus fuhr over de groode Emsbrüch an Plytenbarg vörbi, und dann kweem de Stadt mit de völle Minschen, det dat all naut Markt hen truck. Ik wet noch, wat was dat een geprot und gebölk in de schmale Straat bit Rathuus mit de lütje Butjes links u rechts in der Königsstraat un all dat Gedöns, wat dort to kopen gaft, den en wull Potten un Pannen verkopen und de anner har Mesten de neut wer stump wurdn. Zuckerstangen und Lackritze truken min Ogen ebenso an, as de Ap de bi de Dreiorgelspöler up Schulker satt. Dor schmett en bölkende Kerl de Bahnen und Wiendruben in dat schmüsternde Volk, und an en Kant stun ein Mann vör grode Biller unt sun van olle Tieden, wat dor all in de groode Welt gebööert wer. Ok mit een witte Isbor kun de Lüü sük fotografiern laaten.

400. Wiederkehr des Gallimarktes im Jahr 1907. Feldpostkarte, Sammlung Plaisier.

Un wat gun dat rund up de Markt, dor wer een Kettenkarusell, ein Riesenrad, groode Skippschaukels und Peerkarusell. Min Süster und ik stegen dann in de Raupenbahn wor dat in vulle Fohrt up und daal ging und up enmal, oooh do satt wie in düstern, as der Plan over uns dicht gun. Ja – so is dat denn - To maul wer dat aber ok all düstern buten, und fan de bunte Lüchten overaal kun it nicht genug sehn, doch wie mussen ja wer mit Bus nau Hus hen.

Min heel Stolt an disse Dag wer en lütje Taschenmest de ik mi köft har. Und daagen laater kun wie immer noch prooten over de groode Gallimarkt in Leer."

Während seiner Lehrzeit als Bautischler in Heisfelde hörte Bodo Wolters den Auftritt der drei Herolde. Als er gut zehn Jahre später eine Arbeitsstelle bei der Stadt Leer antrat, kam ihm der Gedanke: „Mit deiner lauten Stimme kannst du das auch.“ 1980 verabschiedete sich Hini Klaassen im Alter von 70 Jahren als Ausrufer. Am 14. Oktober 1981 schlug Bodo Wolters dann erstmals die Glocke vor dem Leeraner Rathaus:

„Ik har de Büx bannig full, dat könn ji mi glöven. Mi Hard budderte bold feller as den Klocke. Wat weer dat vörn Gefeuhl, as ik de Klocke schlan dürs, dor up de Rathuustrappen vör all de Lüü, un de Spröck up segen kun: Radeau, Radeau... Dat „Buddern“ van min Hard heb ik in all der Johrn nicht ovlegen kunnt und meest kreg ik dat kört vört Gallmarkt ok in Hals.“

Bodo Wolters als Ausrufer

Mit dem Läuten und Ankündigen auf der Rathaustreppe um halb zwölf ist es aber nicht getan. Der Tag der Herolde beginnt früh und endet spät:

„Fiv Ühr het dat teut Nüst rut. Bitje schier maken und int Herold Kluft krupen. Kört noch in Bleitje kieken, Teedrinken und de Oelsardinen und Spiegeleier up eten.

Sechs Ühr. De Wagen, de uns de ganze Dag an foren deit, steit all vört Dör. De Trummler und de Helebardenträger worn nun erst of hoolt.

Tegen 7.30 Ühr fung wie bi Burmester an und dort wur dat erste Mal de Galls-Spröck utropen. De lett sütt dann wat maken und nögt uns dann ton Freuhstücken, un meest het de sin Naberschupp ok all in Huus sitten – doch so lanng dürt wi dor nich sitten, wobi wi de erste Söpkes dann ok all probert hem.

Nun wachten de Lüü up Veehmarkt up uns; gau van Wagen of, hier und dort tüschen dat Volk de Spröckche up segen und de Veemarktmester lädt sük ok nich lumpen und schenk us ein Kruiden in. Vandor gun dat dann nah Rathus hen, ne vör der Rauthustrappen sünd noch ken Lüü – nee, wie gaun in Binnenhöf staun und pingeln de Beamten wacke, ok dör dürs wie wat ton lütje Glas ut drinken.

So geit nun heel tied an van Wogen of, spröckche upseggen und de nächste Stee anforden – nee, ik sümst bruck dat neet, wie heem ja ein, de uns forden deit! De Tied is nun so all Klock acht Ühr hier unt dör immer mool kört anholln un ton Markt inloden... von Wagen runner und wer up Wogen rup.

Bit Druckerei Rautenberg wort dann so lang de Glocke slann bet de Druchmaschinen offstellt wur und den Mitarbeiders buten sünd – gift dat dor dann een neje Mitarbeider, de mut dann ok mal dat Radeau Radeau upseggen. Dornau gou wi int Altenheim Blink undproden mit de oll Lüü over hör Gallmarktied, wie beseuken de Krankenhusen, dat de so bietje van de Gallmarkt mitkregen, ovwall se dor to Bett legen. De Kinner in de Schoolen, de wie beseuken, krieg van uns Sckoellfrei ab 11 Ühr, und de Meesters dürn hör kein Leern up geben. Wie wassen an de Dag ok bi Kinnergordens, dat Kreishuus und de Finanzamt bleven an völl Strautenkrüzungen stan, un ik drück ok hen unt her mal de en of anner Wicht of Jung den Klocke in de Hand...

Int Möhlenstraat geit dat dann to Foot wieder, in den een of anner Laden gau wie an disse Daag ok rin, und so as dat immer is, gift dat hier und dör dann ok wat Natts to drinken. Ab Brunnenstraat geith dat dann wat sachte wieder, dor gift dat bi Bünting ok een lecker Tass Tee und bold bi jede tweede Huus en Söpke. Bült plaseer heb wie in de Oldstadtkinnergorn hat, denn dor sünd de lütje Herolde und wiesen uns, dat se ok platt proten könnt. Bett naut Rauthus is ja nett meehr wit und doch kom wie kaum wieder, denn dusende van Lüü wacht ja up uns.

De Börgmeester prot over Dit u.Dat, of und an gift dorbi ok wat ton schmüstern und dat Volk het wat ton lagen, den Town Crier Trevor Heeks und Geerd Veen segen hör Wort ton Gallmarkt, de Postkappele lad all to Ostfreeslandlied singen in, un de Gallmarkt is dann oppen. Int Festzelt woren net nur Reeden hoolln, sondern dor gibt datt dann ok lecker warm Eten. Ant Namiddag geht dann noch dör de Ortsdeelen van Leer, und wennt dann so tegen 18 Ühr geit, hem de Herolde hör Daagwark doen, und secker sons 150 bet 180-mal utroopen. Den Stimm is dann net meer dor.

Dönnerdaag geit de Tour wider dann worn noch Kinnergorden und Schoolen besöcht, de Midderwegs net up de Padd legen deen und Fredags besöchten wie as Herolde noch de Bundeswehr.“

Bodo Wolters weiß heute: „Das ist Raubbau am Körper“, und bedauert es dennoch nicht:

„Der Herold Bandje is een van dat beste, wat mi in min Leven geböör de – nee, dat twee Beste, dat beste is min „Hermie“ mit de ik twee Jungs uptruken hep und de uns veer Enkels geben hemm.

In all de 27 Johr heb ik dordör en hel bült belevt. Ik bün in England west, hebt de Fründskup mit Trowbridge upbaut, heb dorbi ok mal 1993 en Tosamentreffen mit Prinz Philipp hat.

Bodo Wolters und Trevor Heeks mit HRH Prince Philip, Duke of Edinburgh

Bün ok 2004 in Berlin int Kanzleramt bi Gerhard Schröder west, hep dor, net as ok in Hannover bin Christian Wulff de Gallmarktssprök up seggt, bün bit Fernsehn in Hamborg in der Aktuellen Schaubude, un ook als plattproter in Hannover bin NDR bi Ludger Abeln west, un heb vör Leer dat Wort daun, heb vor Kamera staun in Rathusstraat mit Edgar Bessen und Jan Willem, un over Leer und sin Gallmarkt prot, bün ok bi völle Nidersachsendaage west, und heb all de Lüü inladen, de lütje Stadt an Ems to beseuken, und dat all in moije plattdütsch, de mi min Grootollen in Coldam bibrocht hem.

Gallmarkt wer un is vör mi bet vandooge mehr as nur en Groode Markt mit vööl vööl Dönjes und Tradition und wie as Herolde

hem seker an de Gallmarkts-Midderweck neet nur een heel büllt Söpkes hat, ik glöw wie hem ok en hell bült Lüü dorup in stimmt, Gallmarkt to viern - doch dat wat de Kinner in der Kinnergordens und in Schoolen mit hör bliede Oogen uns to rügge geben hem dorbi, wenn wie dor utroopen hem, kann man nicht beschrieben, dat mut man belevt hem, denn in de Packje as Herold was ik nich Bodo Wolters, sondern de Utrooper van Stadt Leer."

Als sich Bodo Wolters im Jahr 2008, zur 500. Wiederkehr des Gallimarktes, nach 27 Jahren als Herold verabschiedete, verlor das Leeraner Volksfest eines seiner prägenden Gesichter. Noch 2008 wurde Bodo Wolters zum Ehrenherold der Stadt Leer ernannt, die Urkunde wurde 2016 in einer offiziellen Feierstunde nachgereicht. Mit dem Ausrufer der englischen Partnerstadt Trowbridge, Trevor Heeks, verbindet Bodo Wolters über die Zeit des Ehrenamtes hinaus eine enge Freundschaft.

Seit seinem Abschied hat Bodo Wolters einen Grundsatz eisern durchgehalten: „Nach meinem letzten Ausruf habe ich nie wieder den historischen Spruch öffentlich aufgesagt. Das ist nicht gut für den Nachfolger", unterstreicht er. „Wenn ich irgendwo etwas über den Gallimarkt erzähle oder lese und die Zuhörer möchten das „Radeau, Radeau" hören, dann spiele ich es von einer Gallimarkt-CD vor."

Die Besucher des Gallimarktes haben 27 Jahre lang den Ausrufer Bodo Wolters gesehen und sich auf seine Stimme gefreut. Nur wenige wissen, dass sie dem Ausrufer auch nach seinem Abschied noch fast täglich begegnen: Bodo Wolters schreibt und fotografiert seit 1972 für regionale Printmedien.

Ernennung von Bodo Wolters und Trevor Heeks zu Ehrenherolden durch die Bürgermeisterin der Stadt Leer, Beatrix Kuhl, im Jahr 2016. Bodo Wolters wurde von seiner Ehefrau begleitet.

Wer seine Stimme vermisst, kann den kräftigen Bass im Bingumer Shanty-Chor hören, den Bodo Wolters 1994 mitbegründet hat.

Bingumer Shanty-Chor

Interview und Text: Detlef M. Plaisier
Portraitfoto: Stefan Wiemker

Danke

Dieses Buch wurde möglich durch die Arbeit eines engagierten Teams.

Ich danke allen Zeitzeugen, die ihre Geschichte erzählt und ihre persönlichen Fotoalben geöffnet haben.

Mein Dank geht an Landrat Matthias Groote sowie an Monika Fricke und Lena Busboom in der Stabsstelle Ehrenamt des Landkreises Leer. Ich bin stolz auf das Vertrauen in unser Projekt und habe mich in der gemeinsamen Zusammenarbeit zu jeder Zeit gut aufgehoben gefühlt.

Ich danke allen ehrenamtlichen Interviewern für die Balance zwischen Einfühlsamkeit und Hartnäckigkeit. Stefan Wiemker hat Gespräche nachrecherchiert, die Texte durch ausdrucksstarke Portraitfotos abgerundet und mit mir gemeinsam gesetzt.
Lena Suprun gilt mein Dank für die kreative Umsetzung des Einbandes.

Fachliche Unterstützung erhielt ich von
Björn Bedey (Bedey Media | acabus Verlag Hamburg) und
eo Sommerer (Verlag Co-Buch Papenburg).

Für Recherche und Fotos danke ich Gerd Bürjes, Frank Groeneveld und Helma Heinze (Arbeitskreis Familiengeschichtliche Heimatforschung im Overledingerland), Carl Mueckenberger von der Landsmannschaft Ostpreußen, Doris Fricke im Ostfriesischen Schulmuseum Folmhusen, Ralf Thorein und Nadja Schmidt (Howaldtswerke | Blohm+Voss) sowie dem Heimatmuseum Leer.

In Westrhauderfehn geht mein Dank an Bernt und Almuth Strenge, Marcus Neumann, Griet Luikenga-Gerdes, Alwin Voßberger und Christa Stumpe.

Nichtgenannte mögen sich in meinen Dank eingeschlossen fühlen.

Danke, Sandra, für deine Liebe.

Inhalt